유태인의 자녀교육법 52

THE JEWISH WAY OF CHILD RAISING(ユダヤ式育兒法) by Ruth Shiloh
Copyright ⓒ 2009 Narawon Publishing Co.
All rights reserved.
No part of this publication may be reproduced in whole or in part,
or stored in a retrieval system, or transmitted in any form or by any means,
electronic, mechanical, photocopying, recording, or otherwise,
without written permission of the publisher.

이 책의 저작권은 도서출판 나라원이 소유합니다.
본사의 허락 없이는 어떤 형태나 수단으로도 이용하지 못합니다.

스스로 답을 찾는 아이로 키우는

유태인의 자녀교육법 52

루스 실로 지음 | 은영미 옮김

나라원

PROLOGUE 머리말

 흔히들 '유태인은 뛰어나다'고 말합니다. 세계적으로 이름을 남긴 각계의 일인자들만 꼽아 봐도 과학자 아인슈타인, 사상가 마르크스, 심리학자 프로이트, 작가 토마스 만, 지휘자 번스타인을 비롯해 로스차일드와 같은 경제인, 미국의 전 국무장관 키신저 등이 모두 유태인입니다.
 좀 더 구체적으로 그 비율을 따져보지요. 현재 미국 인구 중 유태인이 차지하는 비율은 고작 3퍼센트에 지나지 않습니다. 하지만 미국 유명 대학 교수 중 약 30퍼센트가 유태인이며, 세계 각국에서 선발되는 노벨상 수상자 중 15퍼센트 이상이 유태인입니다. 그리고 보면 유태인들은 자신만의 특별한 능력을 최대한 이끌어내 성공하는 방법을 잘 알고 있는 것 같습니다.

이런 유태인 특유의 능력은 어디에서 나오는 것일까요? 유태인의 두뇌가 뛰어나긴 하지만, 그것이 전부는 아닐 것입니다. 만약 민족에 따라 두뇌의 우열이 나뉜다면, 세계는 이미 머리가 뛰어난 단일 민족이 지배하고 있을 것입니다. 되풀이 되는 전쟁과 평화의 역사가 인종이나 민족 간의 유전학적 우열에 차이가 없다는 것을 보여주는 가장 좋은 증거라고 할 수 있겠지요.

그렇다면 더욱 궁금해집니다. 도대체 유태인이 유독 다른 민족보다 우수한 인재를 많이 배출할 수 있었던 까닭은 무엇일까요? 그 비밀의 열쇠는 바로 어린이들의 성장과정에 있습니다. 즉 육아교육, 예의범절, 부자관계 등에서 유태인들만의 독특한 사고법과 방법론을 가지고 있는 것입니다.

돌이켜보면, 유태 5천 년 역사는 시련의 역사였습니다. 제2차 세계대전 후 이스라엘이 건국될 때까지, 유태인은 오랫동안 조국을 갖지 못한 방랑민족이었습니다. 땅도, 돈도, 지위도, 유태인을 지켜주지 못했습니다. 의지할 수 있었던 것은 오직 자신의 머릿속에 쌓아둘 수 있는 지혜와 지식뿐이었습니다.

'사람이 살아 있는 한 빼앗을 수 없는 것, 그것은 지혜다.'

이 유태 격언처럼 유태인들은 자식에게 지혜와 지식을 물려주는 것이야말로 어버이의 소임이라 믿어왔습니다. '유태식 자녀교육법'

에 숨어 있는 유태인이 뛰어난 비밀은 바로 여기에 있는 것입니다.

저도 몇 세대에 걸쳐 이어 내려온 유태식 자녀교육을 받고 자랐습니다. 그리고 세 아이의 어머니로서 제 아이들에게도 이러한 자녀교육을 실천해 왔습니다. 그런데 어머니의 욕심은 끝이 없나 봅니다. 저는 어떻게 하면 더욱 지혜로운 아이, 가슴이 따뜻한 아이, 정의로운 아이로 키울 수 있을까 고민하다가 우리 유태인들만의 자녀교육법을 차분히 정리해 보기로 마음먹었습니다. 아이를 어떻게 가르쳐야 할지 고민될 때 재빨리 찾아볼 수 있게 말이지요. 물론 제가 알고 있는 지식만으로는 부족하여 주위 유태인 친구들의 도움을 받았습니다.

이 일을 계기로 저는 교육학을 공부하기 시작했습니다. 그 무렵 저는 생화학 박사학위를 받고서 연구원으로 일하고 있었지만 뒤늦게 파고드는 교육학이 너무도 재미있었습니다. 외교관인 남편과 함께 뉴욕에 가게 되어 박사학위까지 받을 수는 없었지만 그 뒤로도 줄곧 공부를 게을리 하지 않았습니다.

1972년 12월, 저는 주일 이스라엘 대사관의 문화홍보참사관이 된 남편과 함께 일본에 살게 되면서 일본뿐 아니라 한국을 비롯한 동양의 가정들을 알게 되었습니다. 자연스레 동양의 가정교육도 접하게 되었는데, 특히 한국은 유태의 가정교육과 많이 비슷하면서도 차이점 또한 커 더욱 관심이 갔습니다.

'나라원'출판사와의 처음 인연은 1988년 7월 일본에서였습니다. 이 책의 한국어판 출간과 관련하여 나라원 대표 이종근 님과 유쾌하고도 깊은 대화를 나누었던 기억이 납니다. 하지만 아쉽게도 그 뒤로 제가 남편과 함께 세계 여러 나라에서 근무하다 보니 연락이 소원했습니다. 그런데 이번에 나라원에서 유태인의 자녀교육법을 다시 새롭게 정리하여 출판하자는 제의를 받게 되어 얼마나 흥분되고 기뻤는지 모릅니다.

  비록 저는 지금 예루살렘에 있지만 유태인의 자녀교육법을 새로이 매만지는 내내 어떻게 하면 한국 어머니들에게 조금이라도 더 도움이 될 수 있을지 많은 고민을 했습니다. 한국인은 유태인 못지않게 지혜로운 민족으로 알고 있습니다. 부디 이 책이 한국 어머니들에게 도움이 되어 앞으로 한국에서 인류 역사에 큰 업적을 남기는 많은 위인이 나오기를 바랍니다.

지은이 루스 실로

CONTENTS 차례

머리말 - 9

1부 / 지혜로운 내 아이를 위하여

- 01_ 남보다 뛰어난 아이가 아닌, 남과 다른 아이로 키운다 — 19
- 02_ 공부할 때는 질문을 많이 하도록 유도한다 — 24
- 03_ 무엇이든 머리를 써서 할 수 있도록 가르친다 — 30
- 04_ "지혜로운 사람은 못할 일이 없단다" — 35
- 05_ "배움은 꿀처럼 달단다" — 39
- 06_ "싫으면 하지 마. 대신, 할 때는 최선을 다하렴" — 42
- 07_ "아버지는 우리 가정의 기둥이란다" — 46
- 08_ 공부습관은 '흉내 내기'에서 시작된다 — 50
- 09_ 배움을 함부로 중단하면 20년 공든 탑도 무너진다 — 54
- 10_ 아이가 이해하기 어려운 관념은 사실만 말한다 — 57
- 11_ '하나님'에 대해 생각하면 추상적 사고력이 향상된다 — 62
- 12_ 때로는 어머니의 과보호도 필요하다 — 66
- 13_ 형제간에 비교하지 않는다 — 70
- 14_ 외국어는 어릴 때부터 자연스럽게 가르친다 — 74
- 15_ 이야기의 교훈을 아이 스스로 생각하게 한다 — 78
- 16_ 장난감을 고를 때도 교육을 생각한다 — 82
- 17_ 아이가 잠들기 전에는 책을 읽어준다 — 86

Episode 01 어머니의 믿음이 키운 천재 물리학자, 아인슈타인 — 90

2부 / 가슴이 따뜻한 내 아이를 위하여

- 18 오른손으로 벌주면 왼손으로 안아준다 ---------- 95
- 19 아이가 편안한 마음으로 잠자리에 들게 한다 ---------- 99
- 20 어른과 아이의 경계를 분명히 한다 ---------- 102
- 21 어릴 때는 마음껏 놀게 한다 ---------- 105
- 22 남에게 가정교육을 간섭받지 않는다 ---------- 109
- 23 이름의 의미와 가치를 가르친다 ---------- 112
- 24 아버지의 휴일은 아이를 위한 시간이다 ---------- 115
- 25 대가족을 경험하게 한다 ---------- 120
- 26 "한 계단 높이 서 있는 친구를 사귀렴" ---------- 124
- 27 아이들끼리 친구라고 해서 부모들까지 친구일 수는 없다 ---------- 128
- 28 젖먹이를 데리고 외출하지 않는다 ---------- 131
- 29 친절한 아이는 지혜롭다 ---------- 134
- 30 자선을 통해 사회를 배운다 ---------- 138
- 31 아이에게 선물 대신 돈을 주지 않는다 ---------- 143
- 32 먹을 것에 감사할 줄 아는 아이로 키운다 ---------- 148
- 33 성(性)에 대해서는 사실만 간결하게 가르친다 ---------- 153
- 34 어릴 때부터 성별의 차이를 알게 한다 ---------- 157
- 35 텔레비전이 아이에게 미치는 영향은 부모 하기 나름이다 ---------- 161
- 36 허황되고 비현실적인 것을 가르치지 않는다 ---------- 165

Episode 02 가족의 사랑이 배출한 세계적인 영화감독, 스필버그 ---------- 168

3부 / 정의로운 내 아이를 위하여

- 37_ 선악을 기준으로 꾸짖는다 ---------- 173
- 38_ 가장 큰 벌은 부모의 침묵이다 ---------- 177
- 39_ 야단칠 때 위협은 금물. 차라리 벌을 주거나 용서한다 ---------- 180
- 40_ 정해진 일을 시간 내에 마치는 습관을 익히게 한다 ---------- 187
- 41_ 식사시간에는 텔레비전을 끈다 ---------- 192
- 42_ 아이가 어릴 때는 외식에 데려가지 않는다 ---------- 195
- 43_ 첫돌이 될 때까지는 식탁에 함께 앉히지 않는다 ---------- 198
- 44_ 편식하지 않도록 가르친다 ---------- 201
- 45_ 몸을 깨끗이 하는 것의 중요성과 의미를 가르친다 ---------- 205
- 46_ 저축하는 습관을 위해 용돈을 준다 ---------- 210
- 47_ 겉모습이 아무리 화려해도 충실한 내면을 따르지 못한다 ---------- 213
- 48_ 어릴 때 소유개념을 심어준다 ---------- 216
- 49_ 노인을 섬길 줄 아는 아이로 키운다 ---------- 219
- 50_ 부모에게 받은 것은 자녀에게 물려줌으로써 보답한다 ---------- 223
- 51_ 용서하는 법을 가르친다 ---------- 227
- 52_ 민족의 긍지를 심어준다 ---------- 231

Episode 03 자선사업에도 열성적인 금융재벌, 로스차일드가(家) ---------- 236

| 부록 | 유태인의 격언 - 241

|1부|

지혜로운
내 아이를 위하여

남보다 '뛰어난 아이'가 아닌, 남과 '다른 아이'로 키운다

교육에 대한 열의가 남다른 유태 어머니들

유태인 어머니는 자녀교육에 대한 열정이 남다릅니다. 이는 유태인 어머니의 영어식 표현인 'Jewish Mother'에서도 잘 드러나죠. 이 말은 여러 의미를 담고 있는데, 그중 하나가 '아이가 귀찮아할 정도로 학문의 필요성에 대해 이야기해주는 어머니'입니다.

사실 유태인들은 이 말을 그다지 좋아하지 않습니다. 다만 이것이 어머니로서의 당연한 의무라고 생각할 뿐이지요.

≪구약성서≫에 다음과 같은 구절이 있습니다.

모세가 산으로 올라가 하나님께로 가니, 주께서 산에서 그를 불러서 말씀하셨다. "너는 야곱 가문에게 이렇게 말하여라. 이스라엘 자손에게 이렇게 일러주어라."_출애굽기 19장 3절

야곱은 유태인의 조상입니다. 하나님께서는 모세를 불러, 뒷날 유태인 삶의 기본 계율이 되는 십계를 백성들에게 전하라고 명하셨습니다. 주목할 점은 하나님께서 처음에는 아주 부드럽게 말씀하셨고, 다음에는 매우 엄하게 말씀하셨다는 것입니다. 이를 두고 유태의 율법학자인 랍비들은, 십계의 구상(構想)이 여성에게 먼저 주어졌고, 다음에 남성에게 주어졌다고 생각했습니다. '야곱 가문'을 히브리어로 발음하면 상냥하고 여성적인 느낌이 든다는 점에서 이 의견은 어느 정도 일리가 있습니다.

랍비들의 의견에 따라 유태인들은 하나님의 가르침을 먼저 받은 여성이 그것을 가족들에게 전할 의무를 지녔다고 생각했습니다. 이런 의무는 유태 어머니들에게 자신이 하나님의 계율을 자녀에게 전하는 최초의 교육자라는 자부심을 갖게 하는 동시에 자녀를 가르치는 것은 여성의 권리라는 긍지를 갖게 하였지요.

이처럼 교육에 대한 열의는 매우 높지만 이웃집 아이가 피아노를 배우니까, 또는 모두가 일류학교를 지망하니까 내 아이도 그래야 한다는 생각은 하지 않습니다. '남보다 뛰어나야 한다, 남을 앞질러야 한다'며 아이에게 다그치거나 강요하지도 않아요. 그저 피아노를

배우고 싶어 하면 배우게 할 뿐, 어디가 일류학교인지조차 생각하지 않습니다. 그래서인지 아이가 유치원에 다닐 때부터 대학은 어디로 보내겠다는 계획을 세운다는 부모의 이야기를 들으면 무척 놀랍고 안타까운 생각이 듭니다.

아인슈타인은 열등아였다

유태 어머니들은 "아인슈타인은 여덟 살까지 열등아였다"라는 말을 입버릇처럼 자주 합니다.

유태인인 아인슈타인은 세계적인 천재 물리학자로 유명하지만, 그의 부모는 아인슈타인이 네 살 때까지만 해도 '지능이 낮은 아이'라고 믿었습니다. 말이 늦었기 때문입니다. 그는 초등학교에 들어가야 할 나이에도 머리 회전이 늦고 사교성도 전혀 없었습니다. 심지어 초등학교 1학년 담임교사는 '이 학생은 앞으로 어떤 일을 해도 성공할 수 없을 것으로 판단됨' 이런 기록을 남겼다고 하지요. 아이들끼리 비교하기를 좋아하는 다른 교사들도 '아둔패기'라며 그를 멸시했고, 심지어 다른 아이들에게 방해가 된다는 이유로 등교하지 않는 편이 좋겠다고 권유하기도 했습니다. 아인슈타인은 한마디로 열등생이었던 것입니다.

그렇지만 그는 15세에 이미 유클리드, 뉴턴, 스피노자의 작품을 독파하고 있었습니다. 훗날 아인슈타인은 "나는 강한 지식욕을 가지고 있었다"라고 술회했는데, 당시에는 아무도 그것을 몰랐던 것입니다.

제 어머니는 어린 시절 내 동생에게 "너는 츠바이슈타인이야!"라는 말씀을 곧잘 하셨습니다. 아인슈타인의 '아인'은 독일어로 '1'을 뜻하는 '아인(ein)'과 발음이 같고, '츠바이(zwei)'는 '2'를 뜻하니, '너는 아인슈타인 다음으로 머리가 좋다'라고 농담처럼 놀리는 말이었지요. 그러나 그 말에는 아이들을 획일적으로 가르치지 않고 각자의 개성에 따라 긴 안목으로 지켜보겠다는 어머니의 깊은 뜻이 담겨 있었습니다. 만약 아인슈타인이 다른 아이들과 똑같이 자라기를 강요당했다면 재능을 꽃피우지 못했을지도 모르는 것처럼 아이들에게는 저마다 개성이 있으니까 말입니다.

유태 어머니는 자녀가 다른 아이와 어디가 어떻게 다른지를 찾아내어 그 점을 발전시켜주기 위해 노력합니다. 결코 자녀가 다른 아이들과 똑같이 행동하고 똑같은 것을 배우며 판에 박은 듯이 자라는 것을 바라지 않습니다. 개성 있는 사람으로 성장해가는 것이 아이의 장래에 유익하다는 것을 굳게 믿고 있기 때문이지요. 같은 것을 놓고 우열을 다투는 한, 승리는 소수만이 차지할 수 있습니다. 하지만 저마다 다른 능력을 가지고 있다면, 서로를 인정하고 협력하면서 모두 공존할 수 있겠지요.

저에게는 열세 살 된 딸이 있습니다. 딸아이는 모국어인 히브리어는 물론, 영어, 불어, 일어를 자유롭게 구사합니다. 저는 내 딸이 어학에 재능이 있다는 것을 안 다음부터 기회가 있을 때마다 이렇게 말해주었습니다.

"너는 동시통역사가 되면 좋겠구나."

저는 절대로 "어학은 뛰어나니까 수학을 좀 더 공부하면 일류대학에 들어갈 수 있겠다"라는 식으로 말하지 않았습니다.

한마디 덧붙인다면, 유태인을 의미하는 '히브리'란 말은 '혼자서 다른 편에 선다'라는 뜻을 가지고 있습니다. 이는 '개성을 충분히 살린다'라는 유태인의 교육태도가 생활 전반에 자연스럽게 스며있다는 의미이기도 합니다.

내 아이의 장점은 무엇인지 조급해하지 말고 가만히 지켜봐주세요.
아이의 밝고 행복한 미래를 위해 꼭 필요한 일입니다.

공부할 때는
질문을 많이 하도록 유도한다

자신의 생각을 분명히 말하는 아이

유태인들은 "댁의 아이는 무척 얌전하고 점잖네요"라는 말을 절대 칭찬으로 생각하지 않습니다. 만약 제 아이가 그런 말을 듣는다면 저는 걱정이 되어 견딜 수 없을 것입니다. 유태인들 사이에서 '얌전하다'는 말은 '공부를 잘할 수 없다'는 뜻이기 때문입니다.

비슷한 뜻으로 '내성적인 아이는 공부를 못한다'라는 유태 속담이 있습니다. 내성적인 아이가 잘못됐다는 뜻이 아니라, 부끄럼이 많아서 여러 사람 앞에 나서지 못할 정도로 소극적이라면 학문을 깊이 있게 배울 수 없다는 뜻입니다.

이와 관련해 구소련 문제의 연구가이자 러시아 혁명사의 권위자로서 세계적으로 유명한 아이작 도이처에 관해 이야기해볼까 합니다.

폴란드 태생인 그는 열세 살에 랍비가 되었을 정도로 천재였는데, 그의 부모는 항상 이렇게 가르쳤다고 합니다.

"똑바로 서서 너의 생각을 정리하고, 할 말이 정리되었을 때는 큰 목소리로 분명하게 말해라."

그 가르침을 바탕으로 아이작은 랍비의 자격을 얻기 위한 발표회장에서 두 시간에 걸쳐 멋진 강연을 선보였고, 유태인 청중들은 물론 백여 명의 랍비들에게도 인정을 받으면서 랍비가 되었습니다. 앞서 말한 대로 그때 그는 고작 열세 살이었는데 말이지요.

자신의 생각을 분명하게 말하는 것은 곧 유태인 사회에서 랍비가 되기 위한 필수조건이자, 존경받는 랍비의 조건이기도 합니다.

질문은 많이 할수록 좋다

어느 동양인 어머니에게 제가 이런 질문을 한 적이 있습니다.

"자녀가 초등학교에 입학하던 날, 뭐라고 말해주었나요?"

그러자 그 어머니는 이렇게 대답했습니다.

"선생님 말씀 잘 들으라고 했어요."

이 말을 들었을 때 저는 솔직히 '무서운 일'이라는 생각이 들었습니다. 동시에 교실에서 교사의 말을 조용히 듣고만 있을 아이들의 모습이 떠올라 안타까웠습니다. 교사가 가르치는 것을 일방적으로 듣기만 할 뿐 아무런 의문도 품지 않는다면 그 아이는 결국 독창성이 전혀 없는 사람으로 자라게 될 것이 뻔하기 때문입니다.

유태의 교육은 다르다. 유태 어머니들은 아이에게 "수업시간에는 질문을 해라" 이렇게 일러 학교에 보낸다. 유태 부모가 아이에게 요구하는 것은 암기나 필기가 아니라 이해하는 능력입니다. 교사가 학생들에게 문제를 제시했을 때, 모르는 것이 나오면 언제든 질문하고, 마침내 이해하도록 하는 것이 당연하기 때문이지요.

≪탈무드≫에는 다음과 같은 가르침이 있습니다.

교사 혼자서만 학생들에게 이야기해서는 안 된다. 만약 학생들이 말없이 듣고만 있다면 앵무새를 기르는 것과 무엇이 다르겠는가. 교사가 이야기를 하면 학생은 거기에 대한 질문을 해야 한다. 그리하여 교사와 학생의 대화가 활발해질수록 교육효과는 상승한다.

제가 아는 마빈 토케이어 씨는 동양에서 꽤 유명한 랍비입니다. 그는 여러 곳에서 초청을 받아 자주 강연을 하러 다니는데, 그때마다 이상한 기분이 든다고 합니다. 강연이 끝나도 누구 한 사람 질문하지 않고, 모두 침묵만 지키고 있다는 것입니다.

이것은 유태인의 상식으로는 도저히 이해가 안 되는 일입니다. 유

태인이라면 이런 경우, 강연자가 당황할 정도로 질문을 쏟아내는 것이 예사이기 때문입니다. 유태인들은 강연자의 말을 단순히 기억하는 것에 그치지 않고 모르는 점은 분명히 이해하려 합니다. 그것이 참다운 '공부'라고 생각하기 때문이지요.

실제로 제가 일본에서 살 때 부모들과 이야기를 나눌 때에도 이와 비슷한 경험을 했습니다. 한창 이야기를 나누다가 난처해지는 경우가 종종 있는데, 시간이 흐르면서 차차 침묵이 찾아온다는 것입니다. 제가 유태인치고는 말이 많은 편이 아닌데도, 어느 순간 저 혼자 이야기하고 있음을 깨닫게 될 때가 많습니다. 그런 경우는 대개 대화도 곧 끝나버리고 맙니다.

저는 말을 통해서 배운다는 것이 어릴 때부터 습관이 되어 있기 때문에 침묵은 곧 배움을 거부한다는 뜻이거나 지식에 대한 욕구가 결여되어 있다는 것으로 판단합니다. '분명한 의사표현'은 자신의 마음을 열어둔다는 뜻임과 동시에 남에게 '나는 배우고 싶다'는 사인을 계속해서 보내는 것입니다.

≪탈무드≫에 이와 같은 유태인의 학습 자세를 잘 드러낸 이야기가 있습니다.

여행 중이던 두 사람이 주린 배를 달래다가 외딴집을 발견했다. 안으로 들어가 보니 아무도 살지 않는 빈집이었고, 유난히 높은 천장에는 과일 바구니가 매달려 있었다. 손을 뻗어도 잡을 수 없는 높이였다. 그러자 한 사람은 화를 내며 그 집을 나가버렸고, 다른 한 사람은 혼자 남았다.

혼자 남은 그는 움직일 수 없을 만큼 배가 고팠지만, 과일 바구니가 천장에 매달려 있는 걸로 봐서 틀림없이 누군가가 매달았을 것이라고 판단하고 집 안을 뒤지기 시작했다. 그리고 마침내 사다리를 찾아냈다. 그는 사다리를 이용해 바구니를 내린 다음, 과일을 맛있게 먹었다.

유태인은 이야기에 나오는 두 사람 중 언제나 후자의 방법을 모범으로 삼아왔습니다. '눈에는 보이지만 손이 닿지 않는 곳에 있는 과일'처럼, 어려운 문제는 질문을 하면서 사다리를 오르듯 한 계단씩 나아가다 보면 마지막에는 과일, 곧 지식을 얻게 된다는 교훈을 담고 있어서입니다. 저는 이것이야말로 참된 배움의 자세라고 생각합니다. 유태인들이 많은 발명과 발견으로 여전히 지적 선구자의 자리를 지켜가고 있는 비결은 5천여 년 전 옛날부터 이 방법으로 교육을 받아왔고, 늘 교사에게 질문하는 태도를 몸에 익혀왔기 때문입니다. 그러는 동안 저마다 독창적인 지적 체계를 형성하고 그것을 서서히 굳혀서 위대한 업적으로 결실을 맺었던 것입니다.

모르는 문제는 솔직하게 인정하고,
언제든 자신 있게 질문하면서 스스로 해답을 찾아나갈 수 있도록
이끌어주세요.

무엇이든 머리를 써서
할 수 있도록 가르친다

유태인이 명석한 이유

　많은 사람들이 '유태인은 머리가 좋다'라고 믿는 것 같습니다. 그도 그럴 것이 하버드·예일·컬럼비아·프린스턴대학 등 미국 일류대학 교수진의 30퍼센트가 유태인이고, 역대 노벨상 수상자 중 15퍼센트 이상이 유태인이라고 합니다.

　그렇다고 유태인이 선천적으로 뛰어나다는 것은 아닙니다. 인종이나 민족에 따라 지능의 우열이 있는 것은 아니기 때문입니다. 다만, 몇 가지 이유를 생각해볼 수는 있습니다.

　유태 어린이들은 부모로부터 늘 "머리를 써라"라는 말을 들으면서 자랍니다. 어릴 때부터 몸보다 머리를 써서 일하는 것이 유태인다운 생활태도라고 배우지요. 그렇다고 우리가 육체노동에 대한 편견을 가진 것은 결코 아닙니다. 가정과 학교의 교육시스템 자체가 머리를 쓰면서 하도록 마련되어 있다는 것입니다. 그래서 유태 어머니는 부득이 아이를 때려야 할 때도 절대 머리를 때리지 않습니다. 그만큼 뇌를 중요하게 생각하기 때문입니다. 그런 교육과 노력의 효과는 앞에서 열거한 수치가 증명해 보이고 있습니다.

따라서 유태인이 머리가 좋다는 말을 듣는 것은 선천적인 이유 때문이라기보다 평소에 머리를 쓰도록 교육받아 온 결과라고 할 수 있습니다. 즉, 누구나 이런 환경에서 자라면 지적 수준이 높아진다는 것입니다.

랍비인 마빈 토케이어 씨의 경우를 예로 들어보겠습니다.

그는 1936년에 뉴욕에서 태어났고, 초등학교 1학년 때부터 학교를 동시에 두 군데나 다녔습니다. 아침 여덟 시에 집에서 나와 저녁 다섯 시까지 일반 초등학교에서 공부한 다음 버스를 타고 40분이나 걸리는 다른 학교에 갔다. 그곳에서는 네 시간 동안 히브리어로 유태문화를 배웠습니다.

이런 생활은 대학에 들어가고 나서도 이어졌습니다. 그는 오전 아홉 시부터 오후 여섯 시까지는 일반대학에 다니고, 이후에는 유태인 대학에 갔습니다. 결국 그는 졸업할 때 두 대학의 학위를 취득

했습니다.

그렇다고 그가 공부만 한 것은 아닙니다. 그는 테니스와 야구를 잘했습니다. 특히 야구는 대학팀의 선수이기도 했는데, 메이저리그의 '시카고 화이트삭스' 팀으로부터 투수로 입단하지 않겠느냐는 제안을 받기도 했습니다. 그는 보통 사람과 달리 손가락 생김새가 특이해서 직구를 던져도 자연스레 공이 휘어 타자가 좀처럼 홈런을 치기 힘든 구질을 가지고 있었기 때문입니다.

그때 그는 가장 먼저 아버지에게 조언을 구했고, 아버지는 이렇게 충고했다고 합니다.

"그 일은 네게 맞지 않을 것 같구나."

앞서 말한 바와 같이 토케이어 씨는 초등학교 때부터 줄곧 학교를 두 군데씩 다녔고, 머리를 최대한 사용할 수 있는 환경에서 성장해왔습니다. 그의 아버지는 아들이 아무리 '황금 손가락'을 가졌다 해도 완벽한 두뇌교육 과정을 밟아 온 그에게 프로야구선수라는 직업은 어울리지 않는다고 판단했던 것입니다. 결국 그는 프로야구팀의 입단 권유를 사양하고 랍비의 길을 걷게 되었습니다.

진짜 지식을 얻는 법

유태에 이런 격언이 있습니다.

 '물고기 한 마리를 주면 하루를 살 수 있지만, 물고기 잡는 방법을 가르치면 평생을 살 수 있다.'
 물고기를 '지식'으로 바꾸면 그 뜻을 더 정확하게 이해할 수 있는데, 지식 자체를 주입하기보다 지식을 얻는 방법을 가르치는 것이

현명하다는 뜻입니다.

그런데 부모들의 관심사와 목표가 자녀가 좋은 대학에 진학하는 것이 전부인 듯 말한다면, 이것은 자녀에게 물고기 한 마리만 주는 것과 같습니다. 설사 이런 식으로 원하는 학교에 합격을 한다 해도 더 이상의 발전 가능성에 대해서는 장담할 수 없을 것입니다.

반면 유태의 학교에서는 다릅니다. 한 예로, 보고서를 제출해야 한다면 학생은 가장 먼저 필요한 자료를 모두 수집한 뒤, 그것들을 정리하고 선택하여 자신이 직접 보고서를 완성합니다. 이때 보고서에 대한 평가기준은 양이나 내용이 아니라, 자료를 얼마만큼 자신의 것으로 소화했는가에 초점을 둡니다.

이처럼 유태인들은 어떤 상황에서든 머리를 최대한 활용해야 하는 교육환경에서 자라는 것입니다.

우리 어른들의 임무는 아이들에게 지식을 가르치는 것만이 전부가 아닙니다. 공부하는 방법, 지식을 자신의 것으로 만드는 방법도 함께 가르쳐야 합니다. 그러면 아이는 그 방법을 다른 일에도 응용할 수 있을 뿐 아니라, 공부에 대한 흥미도 키워나갈 수 있습니다.

물고기 한 마리를 주면 하루를 살지만,
잡는 법을 가르쳐주면 평생을 살 수 있습니다.
곧 바로 답을 알려주기보다 스스로 답을 찾는 법을 가르쳐주세요.

"지혜로운 사람은 못할 일이 없단다"

위기상황에서 의지할 것은 지혜뿐

유사 이래 늘 박해에 시달려온 유태인은 머릿속에 축적된 지혜와 지식이 없었다면 빈털터리나 다름없었을 것입니다. 특히 중세 유럽의 유태인은 토지소유가 금지되어 있었고, 직능별 조합인 '길드'에도 가입할 수 없었습니다. 유태인이 가질 수 있는 직업은 의사와 여행자뿐이었지요. 교육을 받고 의사가 되어 한 곳에 정착하거나, 아니면 어디에서나 통용되는 지혜를 익힌 다음 여기저기를 떠돌며 장사하는 길밖에 없었습니다. 오로지 지혜만이 의지할 대상이었던 것입니다. 오죽하면 '만약 당신이 살아남고 싶다면 먹는 것, 마시는 것, 노는 것, 일하는 것으로는 안 된다. 지혜가 있어야만 살아남을 수 있다'라는 유태 격언이 있을 정도입니다.

유태인의 유일한 재산은 지혜뿐이라는 가르침은 ≪탈무드≫에도 나와 있습니다.

어떤 배가 있었다. 배에 탄 손님들은 대부분 엄청난 부자였고, 저마다 자신이 소유한 재산을 자랑하느라 정신이 없었다. 그 모습을 잠자코 지켜보던 가난한 랍비가 말했다.
"지금 당장 눈으로 보여줄 수 없지만, 진정한 큰 부자는 당신들이 아니라 바로 나요. 나는 지혜를 가졌기 때문이오."
부자들은 모두 코웃음을 쳤다.
그런데 잠시 후, 배는 해적들의 습격을 받았고, 부자들은 그 많던 재산을 몽땅 빼앗기고 말았다.
해적들이 사라지고 배는 간신히 어느 항구에 다다랐다. 그곳에서 랍비는 사람들에게 지혜로움을 인정받아 학생들을 가르쳤고, 큰 부를 손에 쥐게 되었다. 그제야 옛날의 '부자'들은 한없이 초라한 모습으로 랍비에게 이렇게 말했다.
"확실히 당신이 옳았소. 지혜로운 사람은 이미 모든 것을 가진 거요. 당신이야말로 진정한 부자요."

'지혜가 없는 사람은 매사에 뒤처진다'라는 격언처럼 지혜가 없었던 부자들은 결국 아무것도 남기지 못했던 것입니다.

　이 이야기는 결코 단순한 이야기로만 그치지 않습니다. 유태인들은 이 이야기의 교훈을 믿고 지혜에 모든 것을 맡기는 생활을 해온 것입니다.

지혜를 가진 자는 모든 것을 갖추고 있다

　19세기 초, 유럽의 유태인들 사이에 미국 이주운동이 일어났을 무렵의 이야기입니다.

　독일 바바리아 지방의 바이엘스도르프라는 마을에 페니 셀리그먼이라는 여성이 살고 있었습니다. 그녀는 아이들을 자유롭지 못한 유태인지구 생활에서 벗어나게 하기 위해 미국 이민을 생각했고, 장남인 조셉을 대학에 입학시키려고 했습니다. 하지만 공장 노동자인 남편은 그런 일에는 절대 돈을 줄 수 없다고 반대했습니다. 그러자 페니는 남편 몰래 조금씩 모아두었던 금은화폐를 꺼내 그것으로 당시 고작 열 살이었던 조셉을 에르랑겐대학에 입학시켰습니다.

　조셉은 대학에서 그리스어, 영어, 프랑스어를 익혔고, 이미 알고 있던 독일어, 이디시어, 히브리어까지 합해 6개 국어에 능통하게 되었습니다. 졸업 후인 열일곱 살에는 드디어 미국으로 갔는데, 이때 그의 바지 주머니에는 어머니가 준 미국지폐 100달러뿐이었습니다. 하지만 조셉 모자는 걱정하지 않았습니다. 지혜를 가진 자에게 미국은 장래가 약속된 나라임을 확신했기 때문입니다.

결국 조셉은 형제들을 불러들여 뉴욕에서 'J&W 셀리그먼 컴퍼니'라는 은행을 설립했고, 어학실력을 충분히 활용하여 국제 금융 시장을 좌지우지하게 되었습니다. 그는 수많은 이민자들 중에서 'Mount Seligman(셀리그먼 산)'이라 불릴 만큼 두드러진 성공을 거둔 것입니다.

이것은 어머니 페니가 '교육'이라는 지혜를 가지고 있었기에 가능한 일이었습니다. 그녀는 '지혜가 없는 사람은 매사에 뒤처진다'라는 말, 즉 '지혜를 가진 자는 모든 것을 갖추고 있다'는 것을 몸소 증명해 보인 셈이지요. 이것은 자녀교육에 대한 유태인들의 신념이기도 합니다.

지혜는 우리 삶의 최고 재산입니다.
그것은 우리 눈에 보이지도 않고,
다른 사람에게서 훔쳐올 수도 없기에 더욱 소중합니다.

"배움은 꿀처럼 달단다"

'배움'은 곧 '즐거움'

언젠가부터 아이는 공부를 '하지 않으면 안 되는 것'으로, 유치원이나 학교는 '다니지 않으면 안 되는 곳'으로 여겨져 왔습니다. 그 결과 아이들은 자신의 의지와 상관없이 그것을 무조건 따라야 하는 '의무'를 가지게 되었습니다.

그런데 '의무'라는 것만큼 불편하고 괴로운 것도 없습니다. 할 수 없어 마지못해 하는 것이 즐거울 리 없을 테니까요. 어쩔 수 없이 하는 공부에 흥미를 느끼지 못하는 것은 너무나도 당연한 현상입니다.

그런데도 어른들은 공부하기 싫어하는 아이들에게 해야만 한다고 끊임없이 강요합니다. 그것이 공부를 더욱더 싫어하게 만드는 악순환이라는 것을 간과한 채 말이지요.

유태인은 이런 일들을 이해하지 못합니다. 배움은 곧 즐거움이라고 배워왔기 때문입니다. 자기 스스로 지혜의 체계를 수립하는 것이 어떻게 즐겁지 않을까요. 그래서 저는 아이가 공부하기를 싫어하는 것은 대부분 부모에게 그 책임이 있다고 생각합니다.

어른들에게는 아이들을 교육할 의무가 있지만, 아이들에게는 좋은 성적을 거두어야 할 의무가 없기 때문입니다.

배움은 꿀처럼 달다

유태 학교에서는 아이들이 공부를 시작할 때, '배움은 꿀처럼 달다'는 것을 머릿속에 심어주려고 합니다. 그 방법은 꽤 다양한 편인데 몇 가지 예를 들어보면 다음과 같습니다.

이스라엘의 초등학교에서는 신입생이 교사와 처음 만나는 날, 공부가 얼마나 달콤한지를 배웁니다. 교사는 먼저, 손가락에 꿀을 묻힌 다음 히브리어의 알파벳 스물두 자를 씁니다. 그리고 이렇게 말합니다.

"이제부터 너희가 배우는 것은 모두 이 스물두 자가 출발점이 된단다. 배운다는 것은 이 꿀처럼 달고 맛있는 거야."

신입생 한 사람 한 사람에게 케이크를 나눠주는 학교도 있는데, 케이크 위에는 히브리어의 알파벳이 설탕으로 씌어 있습니다. 학생들은 교사의 지도에 따라 설탕으로 쓴 알파벳을 만지고, 단물이 묻은 손가락을 빱니다. 이것도 '배움은 꿀처럼 달다'는 것을 가르치는 하나의 의식인 것입니다.

또 어느 유태인 학교 입학식에서는 알파벳 대신 유태민족의 상징인 '다윗의 별'을 그린 케이크를 나눠줍니다. 학생들은 실제로 별을 떠올리면서 손가락을 빨고, 배움에 대한 열망과 기대감을 키워가는 것이지요.

공부는 하지 않으면 안 되는 것이라고 가르치는 어른들은, 어쩌면 그들 자신이 어린 시절 공부로 인해 고통스러웠던 경험이 있어서가 아닐까요. 그래서 자신의 '의무감'을 아이들에게 그대로 전가하고 있는 것입니다. 그렇다면 그런 어른들은 아이들과 함께 꿀이나 설탕을 빨아 먹으면서 배움이 얼마나 달콤한지를 다시 한 번 공부해야 할지도 모르겠습니다.

배움이 얼마나 재미난 놀이인지,
몰랐던 것을 하나씩 알아가는 과정이 얼마나 가슴 벅찬 일인지를
깨닫게 해주세요.

"싫으면 하지마.
대신, 할 때는 최선을 다하렴"

장래에 대한 선택은 아이 스스로의 몫

유태인들은 아이들의 장래에 대해 어떤 환상도 갖지 않습니다. 그래서 아이들에게 "나중에 커서 무엇이 되어라" 이런 말도 절대 하지 않아요. 물론 학문을 익히는 것, 공부를 하는 것은 무엇보다 장려하지만, 그 목적이 '무엇이 되기 위해서'는 아닙니다. 학문은 그 자체가 목적일 뿐, 결코 수단은 아닙니다.

아이들의 장래에 대한 선택은 아이들 자신의 행복과 관련 있는 것이지, 부모와는 무관합니다. 따라서 공부 이외의 취미활동에 대해서는 절대 강요하지 않습니다. 피아노든 바이올린이든 아이가 배우고 싶다면 배우게 하고, 하기 싫다면 그만두게 하는 것이 옳다고 믿으니까요. 요컨대 무언가를 '시키겠다'는 생각은 절대 하지 않습니다다. 자녀의 의사와는 관계없이 부모가 마음대로 선택해서 억지로 익히게 하는 것만큼 어리석은 일은 없습니다.

부모로서 자녀에게 할 수 있는 말은 이것뿐입니다.

"싫으면 하지 마라. 대신, 하려거든 네 능력을 최대한 발휘해서 최선을 다해라."

그리고 아이들이 스스로 선택해서 무언가를 하고 싶어 한다면, 후회 없이 노력할 수 있도록 충고만 해줄 뿐입니다.

러시아계 유태인이며 영화 〈웨스트사이드 스토리〉의 영화음악 등으로 유명한 작곡가 레너드 번스타인의 아버지는, 그가 피아노를 배우고 싶다고 말했을 때에야 비로소 이웃에 사는 여교사에게 한 시간당 1달러의 수업료를 내고 피아노를 가르쳤다고 합니다. 레너드는 병약했지만 의지만큼은 확고했습니다. 자신의 용돈을 아껴 교사에게 사례를 하면서까지 연주 실력을 향상시키기 위한 노력을 아끼지 않았으니까요.

또 다른 예도 있습니다. 아인슈타인은 일곱 살 때 바이올린을 배우기 시작했는데, 강습시간이 길고 지루해서 1년 만에 그만두었습니다. 그런데 몇 년 후, 그는 갑자기 모차르트의 곡을 연주해보고 싶다는 생각이 들어 다시 교습을 받기 시작했다고 합니다. 그리하

여 평생 바이올린을 좋아하게 됐다는 유명한 일화가 있습니다.

  이와 같이 아이들의 의사를 존중하면, 공부할 때도 자신의 힘으로 능력을 키우려는 적극성을 띤다. 참으로 바람직한 현상입니다.

아이 스스로 세우는 목표

이렇게 성장한 유태 아이들은 부모의 희망을 받아들이더라도 자신의 의사를 반영하는 것을 잊지 않습니다. 유명한 정신의학자인 지그문트 프로이트의 경우가 그 좋은 예입니다.

프로이트는 아버지의 뜻에 따라 열일곱 살에 빈대학 의학부에 입학했습니다. 하지만 개업의가 되는 것만은 거부하고, 13년이라는 긴 세월동안 의학연구에 몰두했습니다. 그가 기존의 심리학 수준을 뛰어넘는 정신분석 학설을 완성할 수 있었던 것도 바로 이 시기에 얻은 자연과학적 방법이 기초가 된 덕분입니다.

유태의 부모들은 자녀의 장래에 지나친 기대나 환상을 갖지 않고, 자녀의 앞날을 잘못 인도하여 그르치는 것도 바라지 않습니다. 그것은 자녀에 대한 부모의 월권행위라고 보는 것이지요. 대신 아이들 스스로 가고 싶은 길을 찾고 자신의 능력이 지닌 한계까지 나아갈 수 있도록 유도합니다. 그것이 결국은 최선의 결과를 얻을 수 있는 길임을 알기 때문입니다.

아이들 스스로 길을 개척하고 목표지점으로 나아가도록 지켜보는 것, 그것이 바로 현명한 부모의 역할입니다.

07
"아버지는
우리 가정의 기둥이란다"

자녀교육에 필요한 아버지의 역할

　유태인 사회는 부계사회입니다. ≪탈무드≫에서도 부모가 등장하는 이야기는 반드시 아버지가 먼저 거론되고, 어머니만 나오는 이야기는 한 가지밖에 없습니다.

　≪탈무드≫에 '부모가 동시에 물을 달라고 하면 아버지에게 먼저 가져가라'라는 이야기가 있습니다. 어머니에게 먼저 가져가더라도 아버지를 존중하는 어머니가 결국, 아버지에게 드릴 것이기 때문이라는 설명이 덧붙어 있지요.

　이렇듯 옛날부터 아버지의 권위는 매우 중시되어 왔고, 그만큼 강력합니다. 지금도 유태인 가정에서 아이들에게 ≪탈무드≫를 가르치는 사람은 아버지입니다. 히브리어로 '아버지'라는 말에 '교사'라는 뜻이 내포되어 있는 것만 봐도 그렇습니다.

아버지의 권위는 자녀의 마음에 지주가 되어주기도 합니다.

프로이트와 어깨를 나란히 하는 오스트리아의 심리학자 알프레드 아들러도 아버지의 권위 아래서 성장한 사람 중 하나입니다.

그는 어릴 때 수학성적이 아주 나빴는데, 한번은 낙제를 했습니다. 교사는 그의 아버지에게 "알프레드는 전혀 공부를 할 수 없을 것 같으니, 학교를 그만두고 구둣방 직공으로 보내는 것이 더 낫겠습니다"라고 권유했다고 합니다.

그러나 아버지는 그 충고를 무시한 채 알프레드를 계속 학교에 다니게 했고, 대신 집에서 수학공부를 철저하게 시켰습니다. 앞서 말한 바와 같이 유태인 가정에서는 아버지의 권위가 절대적이므로 알프레드는 따를 수밖에 없었습니다. 덕분에 수학에 대한 알프레드의 콤플렉스는 점차 사라져 갔습니다.

그러던 어느 날, 교사가 어려운 수학문제를 칠판에 써놓고 학생들에게 풀 수 있느냐고 물었습니다. 모두 고개를 갸우뚱거리고 있었는데, 알프레드가 손을 번쩍 들며 말했습니다.

"제가 풀 수 있습니다."

교사와 반 친구들은 믿지 못하겠다는 눈치였습니다. 하지만 알프레드는 아랑곳하지 않고 훌륭하게 문제를 풀어냈습니다. 뿐만 아니라 이후의 수학시험에서도 줄곧 1등을 차지했습니다.

알프레드는 뒷날 '열등감 학설'에 의한 심리학의 한 체계인 '개인심리학'을 만들어 프로이트 학파와 맞섰는데, 여기에는 아버지로부터 배운 '노력의 정신'이 큰 영향을 끼쳤습니다.

이상적인 아버지상

요즘에는 '아버지의 권위가 땅에 떨어졌다'라는 말을 자주 듣습니다. 제가 아는 어떤 사람도 "우리 집 아이들이 내 말을 전혀 듣지 않아요. 당신이 부럽습니다"라며 넋두리를 하곤 했습니다. 이야기를 들어보면, 원인은 어머니가 아버지를 단순히 돈을 벌어들이는 일벌처럼 여기는 데 있었습니다. 어머니의 그런 태도가 아버지에 대한 존경심을 떨어뜨렸고, 아이들에게 나쁜 영향을 끼친 것입니다.

이는 유태인 가정에서는 절대로 있을 수 없는 일입니다. 어머니는 남편을 존중하고, 모든 최종 결정권을 남편에게 위임합니다. 이런 모습을 보고 자란 아이들은 아버지에게 절대적인 존경과 신뢰를 갖습니다. 이는 유태인 가정이 흔들리지 않고 질서를 유지하는 비결입니다.

아이들은 이상적인 아버지상을 추구하면서 자아를 형성해 나갑니다. 오늘날까지도 전 세계에서 공연되고 있는 미국의 유태계 작가인 아서 밀러의 ≪세일즈맨의 죽음≫에는 이런 부자관계가 잘 묘사되어 있습니다. 또 프로이트의 정신분석학에서 아버지에 대한 애증의 감정인 '오이디푸스 콤플렉스'가 핵심이라는 것은 널리 알려진 사실입니다.

하지만 현대사회에서는 아버지와 어머니의 역할을 나누기보다 상호 보완하며 조화를 이루는 데 보다 중점을 두는 시대가 되었습니다. 존경하고 신뢰할 수 있는 아버지상은 아이들의 인격 형성에 중요한 역할을 합니다.

예를 들어 자녀가 잘못했을 때도 아버지가 함께 이야기 나누고 공정하고 관대하게 잘못을 바로잡아 준다면 아이들은 바람직한 어른으로 자라게 될 것입니다. 그리고 그 가정의 자녀는 아버지를 보면서 이상적인 아버지상이자 이상적인 남성상의 표본이란 무엇인지 그 기준을 갖게 될 것입니다.

권위 있지만 누구보다 공정하고 관대하며,
자녀의 이야기를 언제든 귀 기울여 듣는 따뜻한 아버지가 되어주세요.

08 공부습관은 '흉내 내기'에서 시작된다

모방할 만한 아버지상을 만든다

유태인의 성전 《탈무드》에는 이런 말이 있습니다.

"돈을 빌려달라는 부탁은 거절해도 되지만 책을 빌려달라는 부탁은 거절해선 안 된다."

이는 유태인이 독서를 얼마나 중요하게 여기는지 잘 보여줍니다.

앞에서 언급한 바 있는 토케이어 씨는 여가가 있을 때면 언제나 책을 읽는데, 그의 아들은 어릴 때부터 그가 공부하는 모습을 곧잘 흉내 내곤 했다고 합니다. 서가에서 부피가 큰 책을 빼낸 다음 의자에 걸터앉아 그럴싸하게 이마에 주름까지 지으면서 책을 읽는다는 것입니다. 그때 그의 아들은 고작 다섯 살이었고 글자도 몰랐지만, 아버지처럼 책을 읽어야 한다는 생각이 마음속에 깊이 뿌리를 내리고 있어서 마침내 그런 행동으로 나타난 것입니다.

그와 관련된 실화로, 아버지를 흉내 내다가 세계적인 명사가 된 사람이 있습니다. 바로, 유태인으로서는 처음으로 미국 국무장관

자리에 오른 헨리 키신저입니다.

그는 자서전에서 어릴 때 매일 아버지와 함께 공부를 했다고 술회했다. 그의 아버지 루이는 한때 독일의 여학교 교사였는데, 그들이 사는 집의 다섯 개 방은 모두 책으로 가득 차 있었다고 합니다.

키신저의 화려한 외교활동이 19세기 유럽 외교사에 대한 해박한 지식을 바탕으로 하고 있다는 것은 널리 알려진 사실입니다. 그가 어릴 때부터 봐온 아버지의 책 읽는 모습이 자연스레 그를 학문의 길로 이끌었을 것이라는 점은 의심의 여지가 없습니다.

아이는 아버지의 좋은 면도 나쁜 면도 본받는다

유태인들은 '배운다'는 것은 '흉내 내는 것'에서부터 출발한다고 생각합니다.

그런 면에서 아이들이 모방하거나 본받을 점이 부족한 아버지를 볼 때면 안타까울 때가 많습니다.

한 예로 간혹 초대를 받아 지인의 가정을 방문해보면 아버지가 책상 앞에 앉아 있는 모습은 거의 볼 수 없을 때가 많습니다. 아버지의 전용 책상이나 책꽂이가 없는 것도 유태인인 나로서는 아무래도 잘 이해되지 않는 부분입니다. 회사에서 하루 종일 일을 하고 왔으니, 집에서까지 책상에 앉을 필요가 없다고 생각하는 걸까요?

사회나 기업의 시스템이 다른 것도 하나의 원인이겠지만, 저는 그런 아버지를 보면 자녀교육에 관심이 없는 것은 아닐까, 하는 생각까지도 해보았습니다.

어쨌든 그러면서도 아이들에게 공부하라고 강요한다는 것은 더욱 이해하기 힘든 일입니다.

"아무리 타이르고 야단을 쳐도 우리 아이는 공부를 전혀 하지 않아요."

이렇게 불평하기 전에 본받을 만한 아버지상을 보여주지 못한 것을 먼저 반성해야 하는 것은 아닐까 생각해 봅니다.

아이의 첫 번째 본보기는 부모입니다.
아이가 무조건 잘하기만을 바라기 전에
아이 눈에 비칠 부모의 모습을 먼저 생각해주세요.

배움을 함부로 중단하면
20년 공든 탑도 무너진다

배움은 끝이 없다

유태에 이런 격언이 있습니다.

'현자(賢者)는 없으나 현명하게 공부하는 사람은 있다.'

사람은 '현자'와 '어리석은 자'로 구분되는 게 아니라 '배우고 있느냐'와 '배우지 않느냐'로 구분된다는 뜻입니다. '사람은 평생 배워야 한다.' 이는 유태인이 가진 기본적인 사고방식이며 신념입니다. 아무리 지혜로운 사람이라도 배움을 중단해서는 안 되고, 중단하는 순간 이제껏 배운 것을 너무도 빨리 잃게 되기 때문입니다. '20년간 배운 것을 2년이면 잊는다'라는 말이 나온 것도 그런 까닭입니다.

≪구약성서≫에 다음과 같은 구절이 있습니다.

자녀에게 부지런히 가르치며, 집에 앉아 있을 때나 길을 갈 때나, 누워 있을 때나 일어나 있을 때나, 언제든지 가르쳐라.
_신명기 6장 7절

여기서 '부지런히'란 말은 '조각에 새겨 넣듯이'라는 뜻의 히브리어로, 교육의 필요성을 강하게 호소하는 표현입니다. 여기에는 자녀의 마음에 새겨지도록 가르치기 위해서 부모 스스로가 배움을 중단해서는 안 된다는 뜻도 포함되어 있습니다.

유태의 오랜 전통에 따르면 하나님을 경외하는 것은 곧 배우는 일이었습니다. 사람들이 집회소에 모여 예배를 드릴 때도 그저 하나님께 기원하는 데 그치지 않고, ≪구약성서≫ 첫머리에 있는 다섯 가지 성서인 〈토라〉를 공부했습니다. 이렇게 매일 배우는 일에 열성을 다함으로써 부모는 비로소 자녀들의 교사가 될 수 있었습니다.

학문에 대한 열정은 평생 간직해야 한다

≪탈무드≫에서는 옛날부터 유태인을 '책의 민족'이라고 불렀다. 다른 민족이 유태인을 박해한 것도, 책에서 얻은 지혜로 끝까지 정의를 주장할까봐 두려웠기 때문이었다고 볼 수 있다.

≪탈무드≫가 설명하고 있는 바와 같이 책은 만인의 소유이며,

만인은 배워야 할 의무를 가졌습니다. 특히 평생을 두고도 다 읽을 수 없는 ≪탈무드≫를 한 권만이라도 제대로 읽으려는 유태인들은 아침 출근길마다 ≪탈무드≫를 읽습니다. 이는 유태인들에겐 무엇과도 바꿀 수 없는 기쁨입니다. 한 권을 다 읽고 나면 친척이나 친구들을 불러 축하 파티를 열 정도입니다. 이처럼 유태인은 학문에 대한 열정을 평생 가진다는 사실에 큰 긍지를 느끼며 살아갑니다.

이런 환경에서 자란 저는, 학교 졸업과 동시에 배움을 그만두는 청년들을 보면 무척 안타깝습니다. 심지어 대학생들 중에서도 입시 관문을 뚫고 입학한 다음엔 공부에 대한 의욕을 잃고 취미활동이나 운동으로 4년을 허송하는 사람이 있다니! 혹시 그런 젊은이들은 '배운다'는 것을 취업이나 결혼을 위한 허가증쯤으로 생각하고 있는 것은 아닐까, 하는 생각이 들 정도입니다. 그러다가 부모가 되면, 십수 년 동안 학교에서 애써 배운 것을 모두 잊어버리고 배움과는 거리가 먼 사람이 되어버렸다는 사실을 분명 깨닫게 될 텐데 말입니다. 자녀교육에 집착하는 부모는 어쩌면 자신이 잊어버린 지식을 자녀를 통해 되찾으려 하는 것은 아닐지 생각해볼 일입니다.

배우려는 노력을 계속하시 않는 부모는
자녀에게 결코 좋은 본보기가 될 수 없습니다.

아이가 이해하기
어려운 관념은 사실만 말한다

'죽음'에 대해서는 사실만 말한다

아이들이 가장 흥미를 가지면서도 결코 이해할 수 없는 관념 중 하나가 바로 '죽음'입니다. 예를 들면 가까운 친척이 나이가 들어 죽으면 아이들은 자꾸만 묻습니다.

"왜 죽었어요?"

그러면 저는 "나이가 아주 많기 때문이야"라고 사실만 대답합니다. 만약 나이가 많지 않은데 죽었다면 "몸이 많이 아파서란다"라고 바꿔서 말한다. 그러면 아이는 다시 묻습니다.

"죽으면 어디로 가나요?"

"죽으면 그것으로 끝이란다."

이렇게 대답하는 이유는 유태인들이 내세를 믿지 않는 탓도 있지만, 그보다 더 큰 이유는 사후세계와 관련된 여러 가지 놀라운 이야기들을 아이에게 들려주고 싶지 않기 때문입니다. 아이들의 상상력은 아이들 스스로 자유롭게 펼치도록 해야지 부모가 억지로 심어줄 수도 없을뿐더러 그래서도 안 되는 것입니다.

죽음에 대해서는 앞에서처럼 대답하지만 아이가 직접 자신의 눈으로 확인할 수 없는 관념, 예를 들면 하나님에 대해서는 다르게 대답합니다.

어느 날 내 딸이 이렇게 물어본 적이 있습니다.

"엄마, 하나님이 뭐야?"

그때 저는 이렇게 대답했습니다.

"하나님은 어디에나 계셔. 심지어 공기 속에도."

그러자 아이는 계속 숨을 들이마시더니 "엄마, 난 지금 하나님을 빨아들이고 있어"라며 좋아하더군요.

이처럼 유태 어머니들은 자녀에게 무리하게 가르치거나 이해시키려고 하지 않습니다. 아이들의 상상력이 이르지 않는 단계에서 생각의 방향을 잘못 제시하여 부모가 원하는 방향으로 인도하고 싶지 않기 때문입니다.

지나친 자극은 아이들에게 해가 된다

유태인은 아무리 일에 쫓겨도 가정을 소홀히 하지 않습니다. 또 식욕, 성, 음주, 금전에 대해서는 지나친 것을 싫어합니다. 오직 '적절함'을 전통으로 익혀왔습니다. 이는 관념의 세계에서도 마찬가지인데, 특히 지나친 자극을 주거나 흥분을 유발하는 것은 정신 건강에 해롭다고 생각하여 자제합니다.

그래서 아이들이 하나님에 대해 물어오더라도 손가락으로 하늘을 가리키며 "하나님은 저기에 살고 계신단다"라는 식의 말은 하지 않습니다. 또 "나쁜 짓을 하면 하나님이 오셔서 벌을 주신다"라는 식의 공포감을 주는 말도 하지 않습니다. 아이에게 거짓말이나 검증되지 않은 말을 하지 않을 것과 공포감을 주지 않을 것, 이 두 가지를 마음속에 항상 명심하고 있는 것입니다.

이와 같이 아이들이 이해하기 어려운 관념에 대해서 검증되지 않은 말을 하거나 속이지 않고 간단명료하게 대답해주는 전통은 ≪구약성서≫에서 유래되었습니다.

그 예로, 아브라함의 죽음에 대한 기록은 매우 간결합니다.

> 아브라함이 누린 햇수는 모두 백일흔다섯 해이다. 아브라함은 자기가 받은 목숨대로 다 살고, 아주 늙은 나이에 기운이 다하여서 숨을 거두고 세상을 떠나 조상들이 간 길로 갔다. _창세기 25장 7~8절

사후에 대해 거짓을 이야기하는 대신, 아브라함의 업적과 가르침을 '조상들이 간 길로 갔다'라고 마무리했습니다.
　이것만으로는 너무 미흡하다고 생각될지 모르겠습니다. 그러나 죽음이나 신에 대해 거짓과 공포로 꾸민 이야기를 들려주면, 그 자리에서는 아이를 만족시킬 수 있겠지만, 아이의 정신에 뿌리 내린 죽음이나 하나님의 그림자가 진실을 알려는 노력을 차단해버리게 됩니다. 이야기가 과장되고 화려한 액세서리로 꾸며질수록 위험해질 뿐입니다.
　아이들의 상상력을 지나치게 부추기지 않고, 사실만 전하는 것은 아이들에게 적절한 자극을 주면서 자연스럽게 정신을 성숙시키려는 배려임을 기억해야겠습니다.

강제로 이해시키려 하다 보면 아이의 정신건강을 해칠 수 있습니다.
부모가 할 일은 아이들의 상상력이 미치는 곳까지만
인도해주는 것입니다.

'하나님'에 대해 생각하면 추상적 사고력이 향상된다

유태인은 추상적 사고력이 뛰어나다

유태민족은 고도의 논리적, 추상적 사고력을 요하는 학문이나 사업 분야에서 뛰어난 인물들을 배출시키고 있습니다. 이론물리학에는 알베르트 아인슈타인, 심리학에는 지그문트 프로이트, 나아가 변증법적 유물론을 확립한 칼 마르크스 등이 있습니다. 상업분야에서도 제조뿐만 아니라 유통, 금융 등의 분야에 이르기까지 성공한 인물들이 많습니다. 뉴욕 금융가인 월가에서 일하는 금융 중개인의 반 이상은 유태인이며, 미국인이 소매상점에 지불하는 총액의 17퍼센트를 좌우하는 카탈로그 판매회사 '시어즈 로바크'도 유태인이 경영하고 있습니다.

이처럼 유태인이 추상능력이 뛰어난 것은 어릴 때부터 줄곧 '추상으로서의 하나님'에 대해 생각하는 습관을 길러왔기 때문입니다.

그리스도교에서는 하나님을 그림이나 조각으로 표현하는 것이 당연하게 되어 있고, 예수가 십자가에 못 박힌 그림도 얼마든지 볼 수 있습니다. 즉, 하나님이나 예수는 추상이 아니라 구상(具象)으로 언제나 눈에 보인다는 것입니다.

그러나 유태교에서는 하나님을 인간과 같이 그린 예가 한 번도 없습니다. 유태인은 모든 우상숭배를 거부합니다. 하나님은 언제나 추상의 영역에 있으며, 그래서 유태인은 늘 '구상화할 수 없는 하나님'에 대해 생각하는 훈련을 합니다. 이것은 사물을 논리적, 추상적으로 생각하는 계기가 됩니다. 특히 아이들에게는 눈으로 볼 수 없지만 존재하고 있는 하나님에 대해 생각하는 것 자체가 커다란 지적 자극입니다.

자녀에게 추상적 사고의 습관을 가르친다

유태 어린이들은 최초의 유태인인 아브라함에 대한 이야기를 들으며 자랍니다. 이 이야기는 아브라함이 아버지가 우상을 만들어 파는 것을 보면서 자랐다는 부분부터 시작됩니다.

어린 아브라함의 눈에는 사람들이 아버지가 만든 우상을 사들여 하나님처럼 섬기는 것이 이상해서 견딜 수가 없었습니다. 이를 계기로 아브라함은 하나님이란 무엇인가를 생각하기 시작했는데, '아버지의 손으로 만드는 우상은 하나님일 수 없습니다. 그렇다면 하나님은 태양일까, 달일까?' 여기까지 생각이 미칩니다. 그러다가 그는 '태양은 일몰과 함께 사라지고, 달은 날이 밝으면 사라져버린다. 그러므로 하나님은 달이나 태양보다 뛰어난 존재임에 틀림없다'라는 결론을 내립니다. 그리고 마침내 하나님이란 물질이 아니라 정신이라고 생각하게 되었습니다.

아브라함은 인류 처음으로 하나님에 대해 추상적인 개념을 가진 셈인데, 그 이야기를 듣는 어린이들도 아브라함의 체험을 자신이 직접 경험하는 것처럼 느끼면서 추상적인 사고력을 길러나갑니다. 그리고 아버지가 만든 우상을 모두 파괴한 아브라함이 아버지에게 "우상은 말도 못하고 움직일 수도 없으며 걸을 수도 없는데, 어째서 그걸 보고 하나님이라 할 수 있습니까? 무엇 때문에 우상을 숭배하는 겁니까? 우상에게 예배하는 것은 잘못입니다"라고 이야기한 것을 들으면서 추상의 중요성을 직관적으로 알게 됩니다. 하나님을 이해하기 위해서는 추상적 사고력을 갖춰야 한다고 생각하게 되는 것입니다.

독자 여러분 중에는 무신론자도 많을 것입니다. 그렇다고 해서 하나님에 대해 생각할 필요가 없는 것은 아닙니다. 불교인이 아니더라도 절 앞을 지날 때 합장하게 되는 것과 같은 이치입니다. 그때 어쩌면 자신도 모르게 무의식적으로 신에게 빌고 있는 것이 아닐까요. 중요한 것은 하나님을 의식화하는 일입니다.

자녀들에게 추상적인 개념을 가르치는 것은 매우 어려운 교육과제 중 하나입니다. 초등학교에 들어가서 아이들이 수학 때문에 곧잘 고생하는 것은 학령기 이전에 추상개념과 친숙해지지 못한 것이 가장 큰 원인일 것입니다.

하지만 유태 아이들에게 하나님은 추상을 향한 방아쇠가 되며, 사고력을 보다 활발하게 하는 에너지원이 됩니다.

신에 대해 생각하게 하세요.
눈으로 볼 수 없지만 어딘가에 있을 거라고 믿는 신의 존재는,
아이들의 논리력과 추상력을 키우는 지적 자극이 됩니다.

12
때로는
어머니의 과보호도 필요하다

과보호가 잘못된 것만은 아니다

유태에 이런 격언이 있습니다.

'신은 언제나, 어디에나 있을 수 없다. 그래서 신은 어머니를 만드셨다.'

아버지가 가정의 지도자인 것은 분명하지만, 어머니의 애정은 자녀들에게 신처럼 절대적입니다. 때로는 '유태인 어머니(Jewish Mother)'라는 말이 비웃음과 함께 '과보호하는 어머니'라는 뜻으로 쓰이기도 합니다.

랍비인 요셉도 이런 어머니 밑에서 자랐는데, 자신의 어머니가 다가오는 발자국 소리를 듣고 벌떡 일어서서 "성령이 다가오신다. 일어서야지"라고 했다는 기록이 ≪탈무드≫에 남아 있습니다.

일반적으로 과보호는 자녀를 나약하게 만든다고 믿어왔으며, 응석부리는 아이를 보면 "어머니가 오냐오냐하기 때문이다"라는 비난을 듣는 것도 사실입니다. 물론 그것은 일리 있는 말이기도 하지만 과보호가 반드시 버릇없는 아이를 만든다고 생각하지는 않습니다. 오히려 지나친 보호로 아이들의 독창적인 재능을 꽃피운 예도 많습니다.

프랑스의 유태계 작가인 마르셀 프루스트는 심한 응석받이로 자랐는데, 어릴 때 어머니가 며칠만 집을 비워도 히스테리를 일으키며 울어댔다고 합니다. 그가 열서너 살 때쯤 누군가가 "너한테 가장 슬픈 일은 무엇이니?" 묻자, "어머니와 떨어져 있을 때"라고 대답했을 정도입니다. 어른이 되고서는 하루에 두세 번씩 어머니에게 전화를 했습니다. 그가 서른세 살 때 쓴 '정말로 좋은 어머니'라는 말로 시작하는 편지엔 '어머니와 난 언제나 무선전신으로 이어져 있어 서로가 옆에 있건 멀리 떨어져 있건 늘 긴밀하게 마음이 통하고 마주하고 있는 듯합니다'라고 쓰여 있습니다. 마치 연인에게 보낸 사랑의 편지와 같은 분위기입니다.

이렇게 어머니와 연인처럼 가깝게 지낸 덕분에 프루스트는 다른 아이들과는 다른 감성을 가지고 자랄 수 있었습니다. 대학 예비 학교인 리세에 다닐 때도 그는 거친 급우들과는 달리 매우 차분하여 여학생 같다는 소리까지 들었다고 합니다. 그의 이러한 성격이 어머니에게서 이어받은 문학적 소양과 결합되어, 뒷날 ≪잃어버린 시간을 찾아서≫와 같은 명작으로 열매를 맺게 되었을 것입니다.

그는 여느 사람들처럼 평범하게 자라지는 않았습니다. 세상의 일반적인 눈으로 본다면 분명 그렇습니다. 하지만 그로 인해 그는 자신의 재능을 꽃피울 수 있었고, 그것은 결국 어머니의 애정이 이끌어준 셈입니다.

어머니의 과보호 덕분에 탄생한 위인

프루스트뿐만 아니라 아인슈타인, 프로이트도 어머니의 뜨거운 애정 아래에서 성장했다는 사실은 널리 알려져 있습니다.

꿈의 해석으로 유명한 프로이트는 어릴 때 매서운 부리를 가진 기묘한 새의 모습을 한 남자들이 침대에 누운 어머니를 죽이려 하는 꿈을 꾼 적이 있다고 회상했습니다. 프로이트가 일종의 정신병질 인격이었는지도 모르겠지만, 역시 위대한 업적의 그늘에는 어머니에 대한 집착이 있었던 듯합니다.

어머니의 과보호는 분명 자녀의 정신적 균형을 무너뜨리고 다른 사람들과 어울리기 힘든 아이로 자라게 할 수도 있습니다. 하지만 그로 인해 아이가 독특한 재능을 최대한 발휘하고, 독창적인 인격을 형성할 수 있다는 것 또한 사실입니다.

개성을 무엇보다 중시하는 유태 어머니들은 평범한 아이보다 개성 있는 아이가 바람직하다고 생각합니다. 그렇다고 과보호를 권하는 것은 아니지만, 자식에 대한 애정은 지나쳐도 결코 나쁘지 않다는 것을 프루스트와 프로이트의 예로 비추어 말하고 싶습니다. '유태인 어머니(Jewish Mother)'의 약간 특이한 면이 자녀의 독특한 재능을 살리고 발전시킬 수도 있는 것입니다.

어머니와 자녀의 긴밀한 관계는
자녀를 개성 있는 아이로 성장하게 하는 밑바탕이 됩니다.

형제간에 비교하지 않는다

형제간의 건강한 라이벌 의식

유태인은 형제자매를 서로 다른 인격체로 인정합니다. 그래서 형과 아우를 절대 비교하지 않습니다. 예를 들면 "형은 저렇게 공부를 잘 하는데, 너는……" 이런 식의 말로 지능의 우열을 가리지 않습니다. 그것은 동생에게 어쩔 수 없는 일을 강요하는 것일 뿐만 아니라 강요한다고 해서 성적이 오를 리도 없기 때문입니다. 오히려 동생에게 절망감을 안겨주어서 형과는 다른 재능으로 성장할 수 있는 가능성마저 잘라버리는 결과를 낳을 수 있습니다. 다시 말해 형제를 학교 성적이라는 한 가지 능력만을 기준으로 비교하는 것은 누구에게도 도움이 되지 않는 것입니다.

미국 국무장관을 지낸 헨리 키신저의 동생, 월터 키신저는 이렇게 말했습니다.

"어릴 때 우리는 라이벌이었다. 그렇다고 우리가 서로를 경계하는 경쟁관계는 아니었다. 우리 두 사람은 하는 일과 좋아하는 일이 달랐고 성격도 달랐기 때문이다."

유태인인 그들의 부모는 아마 헨리와 월터를 각각의 개성을 가진 인격으로 키웠을 것입니다.

앨런 전기회사 사장으로 존경받는 월터는 형에게 열등감을 갖기는커녕 "신문은 헨리만 쫓아다닐 것이 아니라 나의 성공담도 실어야 할 것이다"라며 건강한 라이벌 의식을 표현하기도 했습니다.

유태인들은 이미 수천 년 전부터 형제라 하더라도 각자의 개성을 지닌 개별적 존재로 봐야 한다는 사고방식을 갖고 있었습니다.

≪구약성서≫에 다음과 같은 구절이 있습니다.

자식이 지은 죄 때문에 부모를 죽일 수 없고, 부모의 죄 때문에 자식을 죽일 수 없다. 사람은 저마다 자기가 지은 죄 때문에만 죽임을 당할 것이다. _신명기 24장 16절

고대에서는 가족 중 한 사람이 죄를 지으면 가족 모두가 벌을 받았지만, 유태인은 그 당시에도 개인의 책임을 확실하게 구분했습니다

다. 가족이라 하더라도 개인이 우선한다고 주장했던 것입니다.

형제가 각자 가진 능력과 개성을 존중한다

유태 부모들이 아이들을 대할 때 가장 관심을 갖는 것은, 그들의 능력차이가 아니라 '개성차이'입니다. 비교보다는 아이들 각자의 개성을 발전시키는 면을 더욱 중요시하는 것입니다. 그래서 아이들이

친구 집에 놀러 가는 경우에도 결코 형제를 함께 보내는 일이 없습니다. 흥미가 서로 다른 형제를 같은 곳에 보내는 것은 무의미하며, 차라리 따로 외출을 시켜 서로 다른 세계를 경험하게 하는 편이 훨씬 좋다고 생각하기 때문입니다.

유태인 형제자매들이 우애가 좋다는 것은 잘 알려진 사실입니다. 그것은 이와 같은 부모의 태도가 그들을 팽팽하고 긴장된 관계가 아닌, 여유 있고 활기찬 관계로 만들기 때문이라고 할 수 있습니다.

유태계 음악가 레너드 번스타인이 잡지사 편집자였던 셰리, 버튼 형제와 매우 돈독한 관계였다는 사실은 널리 알려진 이야기입니다. 또 러시아 혁명가 레온 트로츠키가 처음 손에 든 책이 누나와 형이 준 몇 권의 그림책이었다는 사실도 유명합니다. 뒷날 트로츠키는 "만약 나를 다시 한번 파리로 보내준다면 책을 사기 위해 내 헌옷을 팔아서라도 센 강가를 헤매련만"이라고 술회할 정도로 억척스러운 책 수집광이 되었습니다.

유태 부모들은 자녀들이 각자 개성에 따라 성장하고, 형제간에 서로를 소중히 여기면서 살기를 바랍니다.

현명한 부모는
아이들 저마다가 지닌 개성을 발견해내는 눈을 가지고 있고,
그것을 발전적인 방향으로 이끌어줍니다.

14 외국어는 어릴 때부터 자연스럽게 가르친다

유태인들이 어학에 강한 이유

　제 친구의 남편은 간혹 한국인 행세를 하면서 한국인 친구에게 장난전화를 걸 때가 있습니다. 상대방은 그가 외국인이라는 사실을 알아채지 못할 때가 많은데, 실제 한국인의 발음과 거의 같을 정도로 한국어 실력이 뛰어나기 때문입니다. 일반적으로 외국인이 한국말을 하면 아무래도 모국어의 발음과 악센트가 남아서 이상하게 들리는 경향이 있는데 그는 전혀 그렇지 않습니다. 이는 그가 젖먹이 때부터 5개 국어를 쓰는 가정에서 자라서 다양한 언어에 익숙하기 때문인 듯합니다.

　친구의 남편뿐만 아니라 유태인 중에서 두 가지 이상의 언어를 구사하지 못하는 사람은 없습니다. 유태인은 전 세계에 흩어져 살고 있고, 박해 때문에 여기저기를 떠돌아다녔으므로 필요에 따라 여러 언어를 배워야 했습니다. 특수한 사정이 있기는 하지만, 아무튼 그 덕분에 유태인은 몇 가지 외국어를 알아들을 수 있고, 수개 국어를 자유롭게 구사할 수도 있는 것입니다. 게다가 국적이 다양한 친척들의 왕래가 잦아서 젖먹이 때부터 여러 나라의 말을 들으며 성장한다. 자연스럽게 언어학습을 받으며 자라는 셈입니다.

 이 책을 펴내는 데 많은 도움을 준 마빈 토케이어 여사는 모국어인 히브리어는 물론 아라비아어와 영어를 자유롭게 구사합니다. 현재 이스라엘에서 잡화상을 경영하고 있는 그녀의 아버지는 히브리어, 아라비아어, 아르메니아어, 영어를 구사할 수 있고, 그녀의 남편인 토케이어 씨는 영어, 히브리어, 스페인어, 아르메니아어, 독일어 등을 구사한다고 합니다.
 저는 히브리어, 영어, 헝가리어, 이디시어(독일어, 히브리어 등의 혼성어)를 하고 프랑스어도 조금은 알고 있습니다. 제 남편도 이디시어를 알기 때문에 아이들이 들어서 곤란한 말을 주고받을 때 우리 부부는 이디시어를 사용하기도 합니다.
 앞서 여러 번 언급했던 심리학자 프로이트도 라틴어, 그리스어, 프랑스어, 독일어를 자유롭게 구사했다고 하지요. 전기 작가인 러셀

베이커가 쓴 ≪프로이트의 사상과 생애≫에는 프로이트가 열 살 전후일 때 라틴어의 어미변화나 그리스어의 문법을 익히려고 벽을 두드리면서 공부방을 왔다 갔다 했다는 일화가 기록되어 있습니다. 이것으로 미루어봐서 프로이트는 초등학교 때부터 그리스어와 라틴어를 배우기 시작했다는 것을 알 수 있습니다.

이처럼 유태인은 어릴 때부터 이미 여러 언어를 접하므로 단일 언어를 사용하는 사람보다 언어능력이 훨씬 뛰어납니다. 한 개 국어에 얽매이지 않으므로 비교적 원어에 가까운 발음을 익히기도 쉽습니다. 아마 프로이트도 이와 같은 환경에서 자랐기 때문에 모국어가 아닌 라틴어나 그리스어까지도 제대로 소화할 수 있었을 것입니다.

어학공부는 빨리 시작할수록 유리하다

요즘 비영어권 나라, 특히 교육열이 높은 한국과 일본에서는 유치원 때부터 영어를 가르친다고 들었습니다. 예전에는 중학교 때부터 가르쳤다는데, 그럼에도 영어를 자유롭게 구사하는 사람을 만나기란 그리 쉽지 않은 것 같습니다. 어쩌면 영어를 배우기 시작하는 시기가 너무 늦기 때문일지도 모르겠습니다.

저는 가능하다면 젖먹이 때부터 영어를 가르치는 것이 좋다고 생각합니다. 젖먹이에게 영어회화를 시키라는 뜻이 아닙니다. 말을 시작하기 전에 음악처럼 들려주는 것부터 시작하라는 것입니다. 언어를 배우는 과정에서는 말하기보다 듣고 이해하는 것이 먼저 이루어지기 때문입니다.

제 경험으로 미루어 볼 때, 어린 시절에 외국어를 대한 적이 있느냐 없느냐에 따라 성장 후 어학 습득 능력에 큰 차이가 있다는 것은 분명한 사실이니까 말입니다.

언어는 말하기보다 듣고 이해하는 것에서부터 시작됩니다.
특히 외국어는 아이가 말을 시작하기 전에 음악처럼 먼저 들려주면서 익숙하게 만들어주는 것이 좋습니다.

이야기의 교훈을
아이 스스로 생각하게 한다

이야기를 많이 들으면 지혜로워진다

아마 유태인만큼 이야기를 좋아하는 민족은 없을 것입니다.

≪구약성서≫는 잘 알려진 바와 같이 우선 그 양부터 방대하며, ≪탈무드≫는 모두 1만 2천 페이지에 달하는 문학으로, 2천여 명의 학자가 편찬하여, 기원전 5백 년부터 기원후 5백 년에 걸쳐 구전되어 왔습니다. 평생을 두고도 다 읽기 힘든 분량입니다. 그런데도 유태인들은 여전히 새로운 이야기를 창작해서 남에게 들려주는 것을 취미로 삼을 정도로 좋아합니다. 이처럼 이야기를 즐기는 유태인 부모가 자녀들에게 들려주는 이야기에는 반드시 교훈이 담겨 있지요. 그래서 아이들은 그 속에 숨은 교훈을 찾아내고 이해하고

자 노력해야 합니다.

이런 모습은 우리집에서도 자주 볼 수 있습니다. 남편이 아이들에게 이야기를 들려주고 그 속에서 아이들이 스스로 교훈을 얻어내도록 유도합니다. 들려주는 이야기들은 대부분 《탈무드》에 나오는 것들입니다. 사고력을 기르는 데 도움이 되는 이야기들이 많기 때문입니다.

한 예로 〈머리가 두 개인 아이〉라는 이야기가 있습니다. 이 이야기에는 '만약 머리가 두 개인 아기가 태어나면, 그 아기는 두 사람인가 한 사람인가'라는 질문이 나옵니다. 여기에 대해 아이들은 갖가지 대답을 하면서 사고력을 길러나가는데, 《탈무드》에 나오는 답은 간단합니다. '만약 한쪽 머리에만 뜨거운 물을 부었을 때 둘 다 비명을 지르면 한 사람이고, 한 명만 비명을 지르면 두 사람이다'라는 것이지요.

유태의 어느 랍비는 이렇게 해석하기도 했습니다.

"세계 곳곳에 흩어져 살고 있는 유태인이 박해를 받거나 괴로움을 당할 때, 자신도 아픔을 느끼고 소리를 지른다면 그는 유태인이고, 그렇지 않다면 유태인이 아니다."

이처럼 유태 어린이들은 이야기에 담긴 교훈을 찾아내며 사고력을 기르고, 찾아낸 교훈은 마음속 깊이 간직하는 것이 습관처럼 되어 있습니다.

이야기의 해석은 다양하다

성서 가운데 흔히 이야기의 소재가 되는 것은 〈창세기〉 앞부분입니다. 하나님이 천지를 창조한 6일 동안 하루가 끝날 때마다 '좋았다'라는 말이 씌어 있는데, 둘째 날만은 그 말이 없다. 바다와 육지를 나누는 작업이 셋째 날까지 이어졌기 때문입니다.

그 이유를 놓고 랍비들은 여러 가지 해석을 합니다. 그 가운데 한 해석은 이렇습니다.

"바다와 육지를 나누는 것이 천지창조에는 필요한 일이지만 일반적으로는 분열을 뜻하여 바람직하지 못한 일이므로 '좋았다'라고 하지 않았다."

이에 다른 랍비가 반론합니다.

"그렇다면 빛과 어둠을 나눈 첫날에 '좋았다'라고 한 것은 무엇 때문인가."

그러자 다시 반론합니다.

"빛과 어둠은 성질이 다르므로 동질의 물을 나눈 둘째 날과는 다르다."

또 이렇게 묻는 랍비도 있습니다.

"태양은 밤이면 절대로 보이지 않지만, 달은 때에 따라 낮에도 나타나는 것은 무엇 때문인가."

토론은 계속 이어지고, 마침내 다음과 같은 결론을 내립니다.

"하나님은 태양과 달을 만들었다. 달은 하나님에게 하나의 세계에 두 개의 위대한 빛은 필요 없다고 말했다. 하나님의 지혜를 의심한 달은 그 벌로 빛이 약해지고 작아졌다. 그러나 하나님은 달의 의견에도 일리가 있다고 생각하여 태양은 밤에 절대로 나타나지 못하는 대신 달은 낮에도 모습이 나타나게 했다."

이 토론 방식에 따라 아이들은 이치를 생각하는 법을 배우게 됩니다. 유태의 이야기는 이처럼 한 가지 해답만을 찾아내는 데 의미가 있지 않습니다. 여러 가지 생각을 하는 것이 중요하며, 거기에서 이끌어낸 교훈을 삶의 지침으로 삼는 것이 최종 목적입니다.

어느 나라에나 전통적으로 내려오는 이야기가 많습니다. ≪성서≫나 ≪탈무드≫처럼 그 이야기들에도 나름의 깊은 의미가 담겨 있을 것입니다.

그런데 반드시 명심해야 할 것은 어른들이 이야기의 해석을 한 가지로만 국한시켜서 아이에게 강요해서는 안 된다는 것입니다. 그것은 스스로 생각하는 능력을 빼앗는 일이기 때문입니다.

이야기에 담긴 교훈을 아이 스스로 찾아내도록 지켜봐주세요.
그 과정에서 아이 스스로 생각하는 힘이 길러질 뿐만 아니라
찾아낸 교훈을 마음속에 깊이 새기게 됩니다.

장난감을 고를 때도
교육을 생각한다

교육환경을 생각하라

　유태 어머니는 '교육환경의 어머니'입니다. 왜냐하면 자녀들의 지적 성장을 돕는 교육 환경을 만들어주고 자녀들이 그 안에서 자유롭게 자라도록 세심한 주의를 기울이는 것에 더 신경을 쏟기 때문입니다. 유태 어머니는 자녀들을 이 학원, 저 학원으로 보내 만능인으로 키우려고 하지 않을 뿐더러 지능지수에 연연하여 영재학원에 보내는 등 영재나 천재로 키우려는 생각 또한 하지 않습니다.

　특히 유아의 경우 교육환경이 중요한데, 가장 중요한 교육환경 요소가 바로 장난감이다. 유태 어머니는 장난감을 줄 때도 언제나 교육을 생각합니다. 그렇다고 학교 공부와 관련 있는 교육용 완구를 장난감으로 주는 것은 아닙니다. 아무리 보잘것없는 값싼 장난감이나 도구라도 선택 방법에 따라 기발한 지적 자극이 된다는 것을 알고, 그에 따라 장난감을 선택하는 것입니다.

나이에 따라 장난감을 선택하라

1세에서 3세까지의 아이들에게는 여러 가지 감각 자극을 주고 운동신경을 활발하게 할 수 있는 장난감이 필요합니다. 그래서 유태인은 마음과 두뇌의 성장을 촉진시키는 데 도움이 되는 장난감을 선택합니다.

우리 유태인들은 전통적으로 어떤 장난감을 선택해 왔는지 몇 가지 예를 들어보면 다음과 같다.

* 집짓기 나무 - 모서리를 정확하게 자르고, 매끈하게 다듬은 것이 좋다. 모양은 삼각형, 정사각형, 길쭉한 것 등 기본적인 형태를 고루 갖출 것.
* 잠금 상자 - 자물쇠로 뚜껑을 잠글 수 있는 장난감 상자.
* 손전등 - 조작이 간편한 작은 손전등.
* 단순한 리듬 악기 - 종, 트라이앵글, 탬버린, 북, 심벌즈, 실로폰
* 조립장난감 - 부품들을 끼워 맞춰 여러 모양을 만들 수 있는 장난감

으로, 처음에는 쉽게 조립할 수 있는 것이어야 합니다.

* 역할놀이용 모자 - 군인, 경찰, 의사, 운동선수 등 다양한 역할놀이를 할 수 있도록 여러 모자가 들어있는 것을 사 줍니다.
* 큰 자석
* 돋보기
* 숫자 퍼즐
* 장난감 집
* 동물 모형 장난감
* 아이들이 조작할 수 있는 레코드
* 사소한 물건들을 넣을 수 있는 주머니

이상은 유태 아이들이 좋아하는 대표적 장난감이며, 이 밖에도 여러 가지가 있습니다.

3세에서 6세 정도의 어린이는 감각이나 운동신경의 자극보다 지적 자극을 줄 수 있는 장난감이 좋다. 그 종류는 다음과 같습니다.

* 집짓기 나무 - 장소가 허락하는 한 큰 것.
* 연극용 소도구 - 탈, 손가락으로 조작하는 인형, 가게놀이세트 등.
* 손가락을 사용하는 놀이도구 - 주사위, 퍼즐, 도미노, 단순 보드게임 류 등.

* 그림과 만들기 도구 – 크레파스, 물감, 색연필, 분필, 칠판, 찰흙, 색종이 등.
* 악기 – 북 등의 간단한 타악기, 3세 이전에 사용하던 것을 계속 쓸 수 있습니다.
* 사랑을 가르치는 장난감 – 아기 인형, 동물 모형 등.
* 어른을 흉내 내는 장난감 – 유태인은 아이들이 어른을 모방함으로써 많은 것을 배운다고 생각하므로, 이런 종류의 장난감은 특히 중요합니다. 병원놀이, 은행놀이, 소꿉놀이, 목수놀이, 원예놀이 등을 할 수 있는 물건들. 위험하지만 않다면 장난감 가게에서 파는 것이 아닌, 실제로 어른이 사용하거나 낡아서 쓰지 못하는 것을 주는 게 좋습니다.

물론 여기에 나열한 것을 한꺼번에 모두 줄 수는 없습니다. 하지만 아이들에게 장난감을 사줄 때마다 어느 한쪽으로 치우치지 말고 다방면에 자극을 줄 수 있도록 종류를 바꿔주는 게 중요합니다.

아이와 대화하고 놀아주는 게 진짜 교육입니다.
재미있는 놀이를 통해 아이 스스로
자연스럽게 배울 수 있는 환경을 만들어주세요.

아이가 잠들기 전에는
책을 읽어준다

침대머리에서의 이야기는 아이의 상상력을 풍부하게 한다

유태 어머니들에게 가장 소중한 시간은 아이를 침대에 눕히고 그 옆에서 아이가 잠들 때까지 함께 지내는 짧은 시산입니다. 이 시간은 아이에게도 소중합니다.

낮에 아이를 심하게 꾸짖었더라도, 저녁식탁에서 잔소리를 했더라도, 일단 잠자리에 들면 최대한 다정하게 대하는 게 좋습니다. 아이가 덮고 있는 이불 위에 손을 얹고서 "내일은 좋은 날이 될 거야. 걱정 말고 푹 자야지"라고 말하며 다독여줍니다. 이것은 아이가 잠자는 동안 갖게 될 불안감이나 근심거리를 없애주기 위함입니다. 또 자녀들이 하루를 평온하게 마무리하고, 내일도 무사하기를 바라는 예로부터의 관습이기도 하지요.

아이가 잠들기 전, 짧은 시간 동안에는 어머니가 책을 읽어 줍니다. 이것은 유태 어머니가 아이들에게 직접 하는 지적교육의 하나라고 할 수 있습니다.

유태 어머니가 읽어주는 책은 대개 ≪구약성서≫입니다. 유태의 전통에 따른 것입니다. 물론 성서에는 아이들이 이해하기 어려운 부분도 많으니, 쉬운 이야기로 고쳐서 읽어줍니다.

성서에서 아이들이 가장 좋아하는 것은 영웅들의 이야기입니다. 모세의 출애굽기, 다윗왕과 거인 골리앗의 이야기에 열중하면서, 아이들은 아득한 수천 년의 역사를 단숨에 거슬러 올라가 자신이 마치 거기 있는 것처럼 상상하는 것입니다.

아이들이 성서 이야기를 통해 상상력이 풍부해진다는 것은 아이작 도이처를 통해서도 알 수 있습니다. 그는 유태인 유치원에서 붉은 수염을 기른 교사가 〈출애굽기〉를 반복해서 들려주었다고 술회한 적이 있습니다.

"교사는 이야기에 자기 나름대로 수식을 더했는데, 그의 상상력은 우리에게도 전달되었다. 교사의 이야기를 들으면서 우리는 홍해의 대기와 바다의 향기가 불러오는 산들바람, 구름기둥을 스쳐가는 산들바람의 부드러움까지 느낄 수 있었다."

그의 말에, 숨을 죽인 채 입을 벌리고 멍하니 앉아 있었을 학생들의 모습이 떠오릅니다. 그러니 잠들기 전에 책을 읽어 주는 것은 유치원이나 학교 교육을 보강한다는 의미도 있는 셈입니다.

성서의 영웅담으로 인한 흥분은, 경우에 따라 먼 훗날까지 전해져서 상상력이 풍부한 시인이나 작가를 낳기도 했습니다. 나폴레옹의 이야기를 듣고 걸작을 만들어낸 시인 하이네를 비롯하여, 작가

인 프란츠 카프카, 토마스 만 등 유태인 중에 상상력이 뛰어난 작가가 많은 것도 다 이런 이유일 것입니다. 특히 토마스 만은 단 몇 줄의 성서에서 얻은 주제로 장편소설을 완성시켰다고 합니다.

침대머리의 이야기는 더 많은 장점을 가지고 있다

어머니가 침대머리에서 들려주는 이야기는 두세 살의 유아에게는 정해진 시간에 잠자리에 드는 습관을 갖게 합니다. 침대에 눕기만 하면 어머니가 재미있는 책을 읽어 준다는 사실을 깨닫게 되면서 밤늦게까지 텔레비전 앞에 앉아서 좀처럼 자려고 하지 않는 나쁜 버릇도 없어집니다.

나아가 밤마다 책을 매개로 해서 어머니와 아이가 대화하는 습관을 갖게 되면, 아이가 성장해서 서로 마주하는 기회가 적어지더라도 밤에는 반드시 얼굴을 마주하고 대화하는 게 자연스러워집니다. 어머니와 아이의 신뢰가 침대머리의 대화에서 만들어집니다.

부모가 잠자기 전 들려주는 이야기는 아이의 정서를 안정시키고,
어릴 때 나눈 대화는 아이가 성장한 뒤에도 변함없이
부모자녀 사이를 깊은 신뢰로 이어줍니다.

Episode 01

어머니의 믿음이 키운 천재 물리학자
아인슈타인

    어릴 때 아인슈타인은 유난히 별난 질문을 많이 하여 사람들의 놀림감이 되었습니다.
  "나침반은 왜 북쪽을 가리키는 거죠? 시간이 뭐예요?"
    당연한 일들을 묻는다고 생각했던 사람들 눈에는 아인슈타인이 바보 같아 보였던 것입니다. 하지만 어머니는 이때부터 아인슈타인이 여느 아이들과 다른 능력을 가졌다는 걸 알았습니다. 그래서 아인슈타인이 또래 아이들보다 말이 서툴고 지적인 능력이 뒤떨어져도 조금 늦는 것일 뿐이라며 아들에 대한 기대를 버리지 않았습니다. 이런 어머니의 믿음이 잘 드러난 몇 가지 일화가 있습니다.
    아인슈타인이 초등학교 다닐 때 일이다. 어느 날 학교에서 성적표를 받아 왔는데, 그 성적표에는 이렇게 적혀 있었습니다.
  '이 학생은 앞으로 어떤 일을 해도 성공할 수 없을 것으로 판단됨.'
    이 무슨 청천 하늘에 날벼락 같은 소리인가. 여느 집 같았으면 벌써 초상집이 됐을 법한 일이지요. 그러나 아인슈타인의 어머니는 오히려 다정한 미소를 띠며 이렇게 말했습니다.
  "얘야, 너는 남과 아주 다른 특별한 능력을 가지고 있단다. 남과 똑같아서야 어떻게 성공할 수 있겠니?"

한번은 이런 일도 있었습니다. 어머니는 아인슈타인을 데리고 친구 가족과 함께 강가로 놀러 나갔습니다. 친구의 아이들은 잠시도 가만히 있지 못하고 여기저기를 뛰어다니며 노느라 정신이 없었습니다. 그런데 아인슈타인은 혼자 강기슭에 앉아 하염없이 강물만 쳐다보고 있었습니다. 어머니의 친구는 걱정스럽게 말했습니다.

"아인슈타인은 왜 저렇게 멍하니 강물만 보고 있니? 정신적으로 무슨 문제가 있는 건 아닐까? 하루 빨리 의사에게 진찰을 받아보는 게 좋겠어."

그러자 아인슈타인의 어머니는 딱 잘라 말했습니다.

"너에게는 내 아들이 멍하니 강물만 쳐다보고 있는 것으로 보이니? 다시 한번 잘 봐. 내 아들은 지금 깊은 생각에 빠져 있는 거란다. 아인슈타인은 커서 틀림없이 훌륭한 학자가 될 거야."

아이들의 머리를 '블랙박스(Black Box)'라고 합니다. 그 안에 무엇이 잠재해 있는지 짐작할 수 없기 때문이지요. 아이가 자신의 블랙박스를 하나하나 풀어낼 때 조금 서툴더라도 믿고 지켜봐주세요. 아인슈타인의 어머니처럼 말입니다. 결국 아인슈타인은 놀라운 업적을 이룬 세계적인 물리학자가 되지 않았나요. 어머니의 믿음이 남보다 모자란 아인슈타인을 세기의 천재로 탈바꿈시킨 것입니다.

|2부|

가슴이 따뜻한
내 아이를 위하여

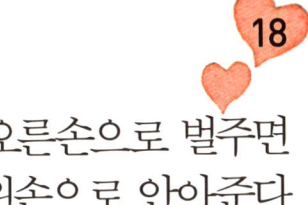

오른손으로 벌주면 왼손으로 안아준다

벌을 주고 나서는 반드시 애정표현을 한다

부모가 자녀의 잘못에 대해 벌을 주는 것은 자녀가 잘 자라도록 돕는 길입니다.

≪구약성서≫에 다음과 같은 구절이 있습니다.

> 마땅히 걸어야 할 그 길을 아이에게 가르쳐라. 그러면 늙어서도 그 길을 떠나지 않는다. _잠언 22장 6절

아이들을 '마땅히 걸어야 할 길'로 가게 하기 위해서 부모는 벌을 줍니다. 그러나 벌을 줄 때는 반드시 애정표현이 뒤따라야 합니다.

벌을 주는 것으로만 끝나버리면 부모의 권위로 아이들을 지배하는 것이 되며, 아이는 개성을 자유롭게 표현하지 못해 위축되고 맙니다. 그것은 자녀의 성장을 돕는 길이 될 수 없습니다.

'오른손으로 벌주면, 왼손으로 안아줘라.'

이 유태 격언은 벌을 주더라도 애정을 함께 전해야 함을 표현한 말입니다. 벌이 끝난 다음에는 따뜻하게 안아줌으로써 사랑을 표현합니다.

키부츠의 어머니들

이스라엘 국가 탄생에 중요한 역할을 했던 '키부츠'라는 공동생활체가 있습니다. 키부츠는 집단농장의 한 형태인데, 이곳을 둘러보기 위해 전 세계에서 이스라엘을 찾는 젊은이들도 많습니다.

키부츠에는 독특한 육아법이 있습니다. 부모가 아이를 돌보지 않고 '메타페레트'라고 불리는 숙련된 육아 전문가가 아이를 돌봅니다. 아이들은 자기 집이 아닌 '어린이집'에서 공동생활을 하고, 오후 4시부터 잠자리에 들 때까지 집에서 부모와 함께 지냅니다.

아직 걷지 못하는 유아는 부모가 데리러 오는데, 어린이 집에 온 부모가 가장 먼저 하는 일은 아이를 보자마자 안아 주는 것입니다. 부모는 곧바로 아이를 품에서 떼어 놓지 않습니다. 한 손으로는 아

아이를 안고 다른 한 손으로는 서랍을 열어 옷가지와 기저귀를 챙깁니다. 이런 모습은 키부츠뿐 아니라 유치원 같은 곳에 아이를 마중가는 어느 유태 어머니에게서나 흔히 볼 수 있습니다.

심리학자 프로이트의 전기를 읽어보면, 그의 어머니는 습관처럼 그를 안고서 '꼬마 무어인'이라는 별명을 불렀다고 합니다.

이처럼 '오른손으로 벌주고 왼손으로 안아 주는 것'은 유태 어머니가 자녀교육에 임하는 태도를 상징합니다.

어쩔 수 없이 아이의 잘못을 꾸짖더라도
아이의 마음속에 슬프고 외로운 마음이 굳어지지 않게 해주세요.
어떤 상황에서도 '엄마는 너를 항상 사랑한다'라는 사실을 표현해주세요.

19 아이가 편안한 마음으로 잠자리에 들게 한다

나쁜 감정은 그날그날 해소해야 한다

하루는 낮과 밤으로 나뉘고, 우리는 하루를 주기로 살아갑니다. 《구약성서》 앞부분에 하나님이 천지창조 첫째 날에 낮과 밤을 나누었다고 씌어 있는 것은 누구나 알고 있을 것입니다.

아침에 일어나 밤에 잠들 때까지 있었던 일은 그날이 지나기 전에 마무리 지어야 합니다. 그래서 우리 유태인들은 자녀가 두려움이나 슬픈 감정을 그대로 안은 채 잠자리에 들게 하지 않습니다. 앞서 말한 바와 같이 아이를 아무리 호되게 야단쳤더라도 잠자리에 들 때는 다정하게 대하여 아이 마음속의 나쁜 감정을 씻어주는 것입니다. 아이들의 마음은 스펀지와 같아서 꾸중한 뒤 그대로 방치

해두면 나쁜 감정을 그대로 품어버리지만, 품에 꼭 안고 달래주면 스펀지에서 물이 빠져나오듯 부정적인 감정이 빠져나옵니다.

오늘의 부정적 감정을 그대로 두면 내일까지 이어진다

공포, 혐오, 미움, 증오 등의 부정적인 감정은 그날그날 해소되지 못하면 꿈속으로까지 파고듭니다. 그보다 더 큰 문제는 꿈속으로 파고든 감정들이 오늘을 지나 내일까지 이어진다는 것입니다. 이는 결코 바람직한 일이 아니겠지요.

이것을 증명해보인 사람은 '꿈의 해석'으로 큰 업적을 남긴 유태인 심리학자 프로이트입니다.

어느 날 프로이트는 가족과 함께 지내던 산장에서 딸 안나의 잠꼬대를 들었습니다.

"안나 프로이트, 딸기 많이! 딸기 많이!"

안나는 그날 아침 배탈이 나서 좋아하는 딸기를 먹지 못했고, 딸기를 많이 먹고 싶다는 강한 욕구를 지닌 채 잠이 들었으며, 그 욕구가 고스란히 꿈에 나타난 것입니다.

이후 프로이트는 천여 가지 꿈의 실례를 모아 '꿈은 무의식에서 나온다'라는 사실을 발견했습니다. 또 꿈에는 어린 시절의 원시적 감정이 반영된다고 생각하게 되었습니다. 즉 어린 시절의 달갑지 않은 체험이 축적되면 어른이 된 뒤에도 꿈으로 나타날 수 있다는 것입니다.

어른 아이를 막론하고 그날그날 매듭짓지 못하는 감정들은 분명 많습니다. 하지만 특히 아이들의 부정적인 감정만큼은 잠들기 전에 없애주세요. 저는 그것이 부모의 의무라고 생각합니다.

아이의 부정적인 감정을 없애주는 가장 좋은 방법은 침대 머리맡에 앉아 다정하게 아이를 껴안아 주는 것입니다. 그것만으로도 아이는 커다란 위안을 받습니다. 편안한 기분으로 하루의 긴장에서 완전히 해방되는 것이지요. 부모에게 야단맞았던 기억, 싫었던 경험 등을 털어버리고 잠들 수 있습니다. 그리고 다음날 아침에는 다시 상쾌한 기분으로 하루를 시작할 수 있습니다.

이러한 습관 속에서 자란 아이들은 어른이 되어서도 지나간 일을 잊지 못해 의기소침하고 소극적인 사람이 아닌, 언제나 앞을 보며 생동감 넘치게 사는 적극적인 사람이 됩니다.

아이가 편안한 기분으로 잠자리에 들 수 있게 배려해주세요.
내 아이를 건강하고 행복한 사람으로 만들 수 있는 열쇠입니다.

20
어른과 아이의
경계를 분명히 한다

화장은 어른이 된 뒤에 하게 한다

≪구약성서≫에 따르면 부모는 자식에 대해서 늘 책임을 지며, 자녀를 죽게 하는 것과 장남의 특권을 박탈하는 것 이외에는 자식에게 절대적 권한을 가졌습니다. 그래서 유태인들은 어른과 아이들이 전혀 다른 세계에 살고 있다는 것을 아이들에게 항상 상기시키려고 노력합니다. 어른들의 세계에 다가서지 못하게 하는 것은 책임을 분명히 하기 위해서입니다.

저에게는 열세 살과 여덟 살 된 딸이 있습니다. 작은딸은 멋 내는 데 관심이 많아, 텔레비전이나 잡지에서 예쁜 머리모양을 한 여자를 보면 "엄마, 나도 미용실에 데려다 줘. 예쁘게 머리하고 싶어"라고 졸라대곤 합니다.

그러나 그때마다 저의 대답은 한결같습니다.

"지금은 안 돼. 네가 어른이 되어 돈을 벌거든 언제든 미용실에 가서 네 마음에 쏙 드는 머리를 하렴."

그러고는 딸아이의 머리 손질을 직접 해줍니다.

큰딸과는 함께 미용실에 갈 때도 있는데, 이때는 머리를 자르는 것만 허락할 뿐입니다. 이유는 작은딸에게 한 말과 같습니다.

또 제 화장품에 관심이 많은 딸들이 립스틱을 발라보고 싶다며 보챌 때가 있지만 저는 결코 허락하지 않습니다. 1년에 한 번, 정장을 입어야 하는 축제 때에만 아이들에게 립스틱을 칠하고 화장하는 것을 허락하고 있습니다. 그날을 제외하고는 화장품을 쓰지 못하게 합니다.

그런데 특히 요즘 들어 검증되지 않은 어린이용 화장품이 무분별하게 늘고 있을 뿐 아니라, 전 사회적으로 어린이의 화장을 부치기고 있는 것 같아 우려하지 않을 수 없습니다. "단순히 외모 지상주의 문제만이 아니라 아이들의 잠재력이나 꿈의 크기마저도 좁혀버릴 가능성이 크다는 점에서 심각한 현상이다."라는 비판도 서서히 대두되고 있는데 저도 그 주장에 전적으로 동의합니다.

부모 자식 간에는 경계가 분명해야 한다

요즘 젊은 부모들은 부모 자식 간에 경계를 없애는 것, 즉 어려서부터 친구처럼 동등하게 지내는 것이 현대적이라고 생각하는 사람들이 있는 듯합니다. 하지만 이는 다시 생각해볼 문제입니다. 자녀들이 어린이 세계에서 지내기보다 어른들 세계를 동경하거나 따라 하고, 부모 역시 그것을 반기고 있다면, 자녀에게 부모에 대한 공경심을 가르치기가 아무래도 어려워지기 때문입니다.

우리 유태인들은 부모와 자식 간의 관계란 본질적으로 어느 시대에도 변하지 않는 것으로 생각하고 있습니다. 어린이는 미숙한 어른이 아니라, 어른들과는 별개의 인간이라는 것을 평소에 가르치지 않는다면 가정의 질서는 유지될 수 없기 때문이다.

어린이에게는 어린이만의 세계가 있고,
어른에게는 어른만의 세계가 있음을 분명하게 가르쳐주세요.
이는 아이와 부모 모두가 행복해지는 길입니다.

21 어릴 때는 마음껏 놀게 한다

부모 역할에 기한을 두지 않는다

유태인은 자녀교육에 기한을 두지 않습니다. 유태인에게 자녀는 언제까지나 그저 아들과 딸일 뿐입니다. 아무리 나이가 들어도 부모의 역할을 계속한다는 사실을 자랑스럽게 생각합니다. 그렇기 때문에 늙었다고 해서 자식들이 돌봐주기를 바라지도 않습니다. 심지어 자식들에게 의존할 바에야 차라리 죽는 편이 낫다고 생각할 정도이지요. 이것은 가족이긴 하지만 부모는 부모, 자식은 자식이라는 개인주의적 사고방식이 철저하기 때문일 것입니다.

가까운 예로, 내 할아버지의 경우를 들 수 있습니다. 큰 과수원을 경영하셨던 할아버지는 생전에 자식들에게 과수원을 나누어 넘

겨주셨습니다. 그러나 그것은 형식적인 절차였습니다. 실제로는 돌아가실 때까지 과수원을 직접 가꾸며 그 수입으로 생계를 꾸려나가셨습니다. 과수원이 실제로 자식들 손에 들어간 것은 할아버지가 돌아가신 뒤입니다.

유태인은 이런 식으로 부모의 역할을 끝까지 다합니다. 부모는 평생 부모이며 자녀 역시 평생 자녀라고 생각하기 때문에, 즉 자식들과의 관계를 좀 더 긴 안목으로 바라보기 때문에 서두를 필요가 없는 것입니다.

반면에 어떤 부모들은 자녀가 학업을 마칠 때까지만 부모의 역할을 하면 된다고 생각하는 것 같습니다. 일부에서는 지금도 자식이 부모를 봉양하는 것이 당연하다고 여기는 부모도 있다는 이야기도 들었습니다. 이것은 옳고 그름을 떠나 그 부모는 자신의 역할을 너무 일찍 끝내려 한다는 것을 말해줍니다.

놀 수 있을 때 마음껏 놀게 한다

앞에서도 언급했지만, 인간은 평생 배워야 한다는 것이 유태인의 기본적인 사고방식입니다. 그러므로 놀 수 있는 시기엔 마음껏 놀게 합니다. 유아기에는 공부에 대한 것은 일단 접어두는 것입니다. 만약 유아 때부터 놀 시간을 빼앗으면 놀 기회를 영영 잃어버리게

됩니다. 어차피 유아기 이후부터는 계속 공부를 해야 하니까 말입니다.

놀이는 아이들의 정신 형성에 중요한 역할을 합니다. 그것을 빼앗으면서까지 공부를 강요한다는 것은 긴 안목으로 볼 때 현명한 방법이 아닙니다. 유태인들은 참된 학문이야말로 어른이 되어서 시작된다고 생각하고 있습니다.

그런데 한국 어머니들을 보면, 가능한 한 어릴 때 공부를 많이 시켜야 일류대학에 입학할 수 있고, 일류대학에 입학시키면 그것으로 부모로서의 책임을 완수한 것이라고 생각하는 듯합니다.

그러나 자녀의 참된 행복과 장래를 위해서는 어릴 때 놀고 싶어 하는 아이의 욕구를 충분히 만족시켜 주는 것이 매우 중요하다는 것을 잊어서는 안 되겠습니다.

놀이도, 공부도 다 알맞는 때가 있습니다.
잘 놀 줄 알아야 공부도 즐겁게 할 수 있고,
나이들어서도 행복한 어른으로 성장할 수 있습니다.

22 남에게 가정교육을 간섭받지 않는다

부모는 자신의 가정교육권을 분명하게 주장한다

어린이, 특히 젖먹이에 대한 모든 책임은 부모에게 있고, 저 역시 제 아이들의 가정교육에 모든 책임을 지고 있습니다. 그래서 가정교육에 관한 한 타인의 참견을 용납할 수가 없습니다. 아이들의 성장 지침이 되는 이는 다른 누구도 아닌 부모이기 때문입니다.

저는 딸이 어릴 때 절대로 초콜릿을 먹이지 않기로 했습니다. 그런데 어느 날 아는 사람이 선물로 초콜릿을 사들고 와서 포장을 뜯은 다음, 딸아이의 손에 쥐어 주는 것이었습니다. 물론 그것은 선의와 호의의 표현이었지만, 저는 화를 내며 이렇게 말했습니다.

"이 아이는 제 자식입니다. 무엇을 먹이는가는 제가 결정합니다.

더구나 달고 자극성이 강한 음식은 아이들에게 좋지 않다는 걸 당신도 자녀를 기르고 있으니 잘 아시잖아요. 초콜릿은 주지 말아주세요."

독자 여러분에게는 조금 지나친 인상을 심어주는 이야기일지 모르지만 유태인들은 이것을 당연한 것으로 받아들이고 있습니다.

이러한 경우는 흔히 있는데, 그때마다 부모는 자신의 가정교육권을 분명히 주장할 필요가 있다고 생각합니다. 내 어머니도 그렇게 해왔고, 내 딸도 어머니가 되면 틀림없이 그렇게 할 것입니다.

이는 아이들을 위해서도 꼭 필요한 일입니다. 아이들은 자신이 어떻게 행동할 것인지, 무엇을 해서는 안 되는지 등의 판단 기준을 갖고 있지 않습니다. 따라서 그 기준을 부모가 적절하게 제시해야 합니다. 동시에 그에 대한 책임을 부모가 지고 있다는 사실도 아이들에게 알려야 합니다. 그러면 아이들은 그 기준에 따라 심신이 성장해나가고, 정서적으로도 안정감을 갖게 됩니다.

다른 사람이 가정교육에 간섭하지 못하게 한다

가정교육에 대한 책임이 없는 남은 아이가 좋아하는 쪽으로 쉽게 말을 할 수 있습니다. 아이 역시 그의 말을 따르는 게 어쩌면 더 쉽고 즐거울 것입니다. 그러나 만약 그 상황에서 어머니가 교육권을 주장하지 않으면 아이들은 부모가 세운 규율에서 빠져나갈 길을 발견하고, 쉽게 도망쳐버릴 것입니다. 누구든 괴로운 것보다는 편한 것을 택하려 하기 마련인데 하물며 아이들은 더하지 않을까요. 차근차근 쌓아올린 가정교육이 타인의 간섭으로 한꺼번에 무너져 버릴 수도 있습니다. 그리고 자녀를 같은 궤도로 돌려놓기 위해서는 이전까지 자녀교육에 투자한 시간보다 더 많은 시간이 걸리는 것은 물론, 그 사이 자녀의 정신적 성장도 멈춰버리고 맙니다.

이것은 자녀의 장래를 위해서도 대단히 큰 손해입니다. 아이가 판단력을 충분히 갖추지 못한 시기에 부모가 다른 사람의 간섭에 화를 낼 정도의 엄격함이 없다면 스스로 판단을 못하는, 의지가 약한 아이가 될 위험이 크기 때문이지요.

유태인들이 완고해 보일 정도로 자기주장을 할 수 있는 것은 신념을 굽히지 않는 어머니를 보면서 자랐기 때문일 것입니다. 신념을 굽히지 않는 어머니는, 아이들에게 심리적 거점이 되어줄 뿐 아니라 신념의 소중함을 심어주는 매우 좋은 본보기입니다.

내 아이의 미래와 행복을 다른 사람의 기준에 맞추지 마세요.
중심이 단단한 부모가 현명한 아이를 만듭니다.

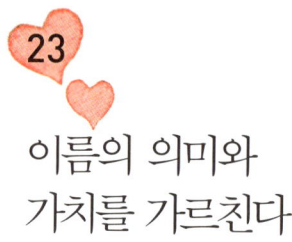

이름의 의미와
가치를 가르친다

같은 이름의 유태인이 많은 이유

　유태인과 알게 되거나 유태에 대한 책을 읽어 보면, 유태인의 이름에 야곱(Jacob), 아브라함(Abraham), 사무엘(Samuel), 다윗(David), 이삭(Issac) 등이 많다는 것을 알게 될 것입니다. 이는 성경과 유태의 전통에서 딴 이름이 대부분이기 때문입니다. 나의 큰딸 이름인 '아비가일'도 ≪구약성서≫에 나오는 다윗왕의 첫째 부인 이름이고, 작은딸 '타마르', 장남 '요나단'도 모두 성서에 나오는 이름입니다.

　뿐만 아니라 유태인들은 할아버지, 할머니, 큰아버지, 큰어머니 등 친족의 이름을 자녀에게 지어주면서 가족의 결속을 자녀들에게 자각시키기도 합니다. 그래서 우리 민족은 과거 수천 년에 걸쳐 몇

천, 몇만 명의 '타마르', '이삭', '다윗'이라는 동명인을 가졌습니다. 똑같은 이름이 많은 것은 유태인이 그만큼 가족의 전통에 충실하다는 증거라고도 볼 수 있습니다.

제 친구 마자르 토케이어의 남편인 마빈은 유태교 교사인 랍비이자 베스트셀러 저자로 사람들에게 널리 알려져 있습니다. 그의 이름은 제1차 세계대전 중 헝가리 육군 병사로 출전했다가 전사한 그의 외삼촌 이름에서 딴 것이라고 합니다. 이런 식으로 돌아가신 조상을 기억하고 새기는 것입니다.

그러나 반드시 죽은 조상의 이름만 따오는 것은 아닙니다. 토케이어 부부의 장남 '아미엘'은 이스라엘에서 건강하게 살고 있는 그의 외할아버지 이름입니다. 마자르의 이야기로는, 그녀의 시아버지가 그녀의 친정아버지에게 편지를 보내 '아미엘'이라 명명하고 싶다고 했더니 "그것은 나에게도 대단한 명예입니다"라며 승낙해주었다고 합니다.

유행에 따라 이름을 짓지 않는다

유태 부모는 자녀가 성장하면 이름의 유래를 설명하면서 가족 간의 일체감을 심어주고, 나아가 이름을 근거로 성경이나 이스라엘의 전통까지 거슬러 올라감으로써 민족적 자각을 높여갑니다. 그래서 아이는 자신과 똑같은 이름의 위인이나 조상이 아주 오랜 옛날에도 있었음을 알고, 자기 조상에게 친근감을 갖게 되는 것입니다.

유태계 저명인사 가운데 한 사람인 아이작 도이처는, 학식 있는 탈무드 학자이며 엄격한 유태교도였던 증조부의 이름 '아이작'을 물려받았고, 지그문크 프로이트의 '지그문트'는 전설에 나오는 영웅 이름입니다.

자녀의 이름은 교육과 깊은 관계를 갖고 있기 때문에 시대 풍조나 유행에 따라서는 안 된다고 생각합니다. 또 유행은 자주 변하므로 아이들이 성인이 되었을 때는 그 이름이 빛을 잃을 수도 있습니다. 심지어 자녀들이 왜 이런 이름을 지었느냐고 원망할지도 모르지요.

유태인들은 가족의 전통을 아이들에게 설명해 주는 것을 자랑으로 삼고 있습니다. 그리고 저의 이름도 언젠가는 후손의 이름으로 다시 불리게 될 거라고 생각하면서 이름을 더럽히지 않고 살아가야겠다고 다짐합니다.

이름이란 평생 함께할 뿐만 아니라, 죽은 뒤에도 남습니다.
이름이 곧 그 사람을 말해주는 것입니다.
그러니 자녀의 이름을 지을 때는 심사숙고해서 지어주세요.

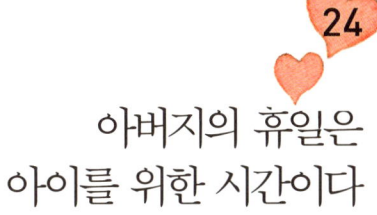

아버지의 휴일은
아이를 위한 시간이다

아버지의 휴일은 곧 자녀와 함께하는 시간

부모와 자식 간의 대화 단절이 사회문제로 대두되고 있는 것은 어느 특정 국가에만 국한된 문제는 아닙니다.

미국의 어느 통계에 따르면 아버지가 자녀와 이야기하는 시간은 하루 평균 3분이라고 합니다. 그러니까 아버지와 자녀의 대화시간은 인스턴트 카레가 데워질 때까지의 시간 정도밖에 안 된다는 뜻입니다. 이렇게 되면 자녀가 아버지의 태도나 생각을 본받으려야 본받을 수 없습니다.

유태인 가정에서는 이런 일이 절대 있을 수 없습니다. 자녀는 어릴 때부터 아버지를 집안의 가장으로 존경하고, 아버지 역시 가장

답게 행동합니다. 자녀들은 아버지를 모방하면서 자라고, 공부하는 습관도 아버지에게 배우는 것이 보통입니다. 이를 가능하게 하는 것은 바로 유태의 안식일입니다.

≪구약성서≫에 나오는 안식일에 대한 기록을 살펴보겠습니다.

모세는 이스라엘 자손의 온 회중을 모아 놓고 말하였다. "주께서 너희에게 실천하라고 명하신 말씀은 이러하다. 엿새 동안은 일을 해야 한다. 그러나 이렛날은 너희에게 거룩한 날, 곧 주께 바친 완전히 쉬는 안식일이므로, 그 날에 일을 하는 사람은 누구든지 사형에 처해야 한다. 안식일에는 너희가 사는 어디에서도 불을 피워서는 안 된다."_출애굽기 35장 1~3절

생각해보면 매우 엄격한 규율입니다. 요즘이야 정말 죽이는 일은 없지만, 유태인들은 지금도 금요일 해가 지면서부터 토요일 해가 질 때까지의 안식일에는 일하지 않습니다. 불을 피울 수 없으므로 요리도 할 수 없습니다. 그래서 각 가정의 어머니들은 금요일 해질 녘까지 모든 음식을 마련해 둡니다. 이때는 탈 것을 이용해서도 안 되기 때문에 엘리베이터조차 타지 않습니다.

이와 같이 안식일을 엄격하게 지키고 있는 덕분에 평소 일 때문에 자녀들과 대화를 가질 기회가 적었던 아버지라도 아이들과 마

주할 수 있게 되는 것입니다.

바쁜 현대사회에서는 회사에서 일하느라 사람들을 만나느라 아이들과 함께할 시간이 부족한 아버지들이 많습니다. 그러다 보면 평소 귀가시간이 일정하지 않고, 아이들이 잠든 뒤에나 귀가한다거나 심지어 아침이면 아이가 일어나기 전에 집을 나서야 하는 경우도 있을 것입니다. 하지만 이는 아버지가 없는 거나 마찬가지라고 생각합니다.

유태인처럼 안식일과 같은 관습이 없고, 유태 아버지들처럼 평일에도 일찍 귀가하여 가족과 함께 저녁식사를 할 수 없다면, 적어도 일요일만큼은 아이들과 함께 시간을 보내는 것은 어떨까요? 아이들과 시간을 보내면 아이와 함께하는 시간이 얼마나 가치 있는지를 느낄 수 있습니다. 보통 어른이 아이들에게 무언가를 가르친다고 생각하는데 정반대인 경우도 많습니다.

아버지는 가장이면서, 자녀들의 훌륭한 교사이다

유태 가정에서는 안식일이 되면 아버지가 방으로 아이들을 한 명씩 불러 대화를 나눕니다. 대화의 내용은 일주일 동안 공부한 것과 그 주에 있었던 일들에 대한 것입니다. 대화 시간은 고작 30분 정도이지만, 아이들에게는 일주일을 정리하는 소중한 시간입니다.

이때 자녀들은 가장인 아버지에 대한 존경심을 키우고 바람직한 아버지 상에 대해 배웁니다. 이런 아버지야말로 산 교육을 행하는 '선생님'인 것이지요. 그래서 유태 아이들은 아버지를 '나의 아버지이자 선생님'이라고 부르기도 합니다.

유태 아버지들은 자녀들에 대해 늘 진지하게 고민합니다. 경제학자이자 철학자 칼 마르크스의 아버지는 아들의 비범한 재능을 알아보고, 그의 완고하고 비타협적인 성격을 걱정하면서 수시로 충고의 글을 써 보냈다고 합니다.

"이성을 잃지 마라. 행동을 조심하고, 교양을 쌓아라. 은혜를 베풀어준 사람에게는 고마움을 표할 줄 알아야 하며, 반항적이거나 비사회적인 사람이 되어서는 안 된다."

이것이 바로 유태인의 아버지상입니다.

아버지는 자녀의 본보기이자 최고의 교사입니다.
아버지가 대화의 장을 마련하고 유도하는 한,
훗날 부모 자식간의 단절은 절대 있을 수 없습니다.

25
대가족을 경험하게 한다

대가족을 경험하며 자라는 유태 어린이들

개인의 행복을 중요시하는 등 사람들의 가치관이 변하면서 삶의 방식도 많이 바뀌었습니다. 그에 따라 부부와 자녀 두 세대만으로 구성되는 핵가족은 문명사회의 통례가 되다시피 하고 있습니다.

대가족에 비하면, 핵가족은 분명 세대 간의 불화도 적고, 식구 수가 적어 집안의 공간도 여유롭다는 이점이 있습니다. 특히 어머니 입장에서는 시부모를 비롯한 여러 인간관계에 시달리는 일 없이 육아와 자녀교육에 전념할 수 있어서 좋은 점도 있습니다.

그러나 한편으로는 대가족 형태가 일반적이던 시절에는 자녀 양육에 대한 스트레스가 크지 않았습니다. 조부모의 사랑과 보살핌으로 자녀들의 인성교육은 따로 필요하지 않았으며, 삼촌과 고모, 이모 등의 인척관계 속에서 사회성과 예의범절은 자연스럽게 체득됐습니다.

그런데 대가족에서 핵가족으로 가족 유형이 변하면서 할아버지, 할머니를 비롯해 삼촌, 숙모 등 세대가 다른 어른들로부터 좋은 영향을 받을 수 있는 기회가 없어졌습니다. 지적인 자극이 적어서, 한정된 시야를 갖고 자랄 우려도 커졌습니다. 그래서 저는 가능한 한 여러 세대가 어울려 친밀하게 지내는 것이 자녀의 장래를 위해서 도움이 된다고 생각합니다.

유태인에게 '가족'은 부모와 자녀만이 아니라 조부모, 나아가서는 큰아버지 내외, 작은아버지 내외, 사촌형제까지 포함됩니다.

우리 가정을 예로 들면, 명절이나 주말에 친척들이 서로 방문하여 가족의 일원으로서 유대를 다집니다. 그것은 마치 다른 지역에 살고 있는 아들딸이 모처럼 휴가를 맞아 집을 찾는 것과 같은 느낌입니다. 물론 요즘에는 가까운 곳에 모여 살기가 쉽지 않은데, 대신 전화 연락이라도 자주 하려고 노력합니다.

또 다른 예로, 미국에 사는 제 친구는 한 달에 한 번씩 친척들 집에서 돌아가며 모인다고 합니다. 작은아버지 내외, 사촌형제, 조카 등 수십 명이 모이게 되는데, 매번 저금통을 돌려 모두 자유롭게 거기에다 돈을 넣고 그렇게 모인 돈으로 함께 공연을 보거나 여행을 간다고 해요.

이와 같이 대가족을 경험하며 자라는 아이들은 자신의 부모와는 다른 생활 방식, 사고 방식, 직업을 가진 어른들을 만나면서 단편적이나마 새로운 세계를 접할 수 있습니다. 바로 이런 까닭에 우리 유태인의 지혜는 단지 한 사람에게서 다른 한 사람에게로 전해지는 데 그치지 않고, 한 세대에서 다음 세대로 끊어지지 않고 전해온 것입니다.

대가족 속에서 싹튼 하이네의 시적 재능

대가족에서 자라 재능을 꽃피운 사람이 있습니다. 독일의 유태계 시인 하인리히 하이네입니다. 그는 성장과정에서 큰아버지와 종조부의 영향을 받아 시인으로서의 소질을 길렀다고 합니다.

학교에서는 배울 것이 없었던 하이네에게는 외삼촌인 시몬 반 괴르테른의 넓은 서재가 곧 교실이었습니다. 그는 여기에서 데카르트, 네테스하임, 헤르몬트 등이 저술한 철학 서적을 탐독했습니다. 그 결과 뒷날 "나의 마음에 글을 쓰고 싶은 욕망이 싹트기 시작했다"라고 회고할 만큼 큰 영향을 받았습니다.

이 서재에서 하이네는 외조부의 형제, 즉 종조부인 시몬이 쓴 〈비망록〉을 발견했습니다. 시몬은 동양과 북부 아프리카를 돌아다니며 생활한 자유인이었는데, 하이네는 이 종조부 시몬의 방랑 생활을 통해서 하이네도 모험에 대한 동경을 품게 되었다고 합니다. 정열의 시인 하이네는 이와 같은 배경에서 탄생한 셈입니다. 만약 그가 핵가족 안에서만 자랐다면 그의 재능과 소질이 영원히 묻혀 버렸을지도 모를 일입니다.

이렇듯 유태인의 대가족 제도는 자녀의 정신적 성장을 돕는 데 더없이 좋은 역할을 하고 있습니다.

대가족 안에서 자란 아이들은 다른 생활, 다른 생각, 다른 직업을 가진 어른들을 보면서 지적인 자극을 받고 또 장래에 대한 꿈을 키워나갑니다. 친척들과도 만날 수 있는 기회를 많이 만들어주세요.

"한 계단 높이 서 있는 친구를 사귀렴"

좋은 친구를 선택하는 기준

유태인은 친구들과의 교제를 중요시합니다. 그렇다고 아무하고나 친구가 되라는 뜻은 아닙니다. 물론 많은 사람과 알고 지내는 것은 좋은 일이지만, 유태인은 한 명을 사귀어도 참된 우정을 나누려고 노력합니다.

친구란 무엇보다 자신을 이끌어줄 사람이어야 합니다.

≪탈무드≫에 이런 말이 있습니다.

'친구를 고를 때는 한 계단 올라서라.'

배울 점이 있는, 도움이 되는 친구를 사귀라는 뜻입니다.

유태 어머니는 자녀들이 친구를 집으로 데려 오는 것을 반깁니

다. 하지만 만약 그 친구가 바람직하지 않은 친구라면 "엄마는 네가 그 아이와 사귀지 않으면 좋겠다"라고 분명히 말합니다. 그것은 자녀가 친구로 인해 '한 계단 올라서는' 것이 아니라 '한 계단 내려올' 것이기 때문입니다.

'친구를 고를 때는 한 계단 올라서라.' 이 말을 '공부 잘하는 친구와 사귀라'는 뜻으로 생각할지도 모르겠습니다. 그러나 유태인은 공부 잘하는 것을 기준으로 친구를 사귀지 않습니다. 공부를 잘하느냐 못하느냐는 극히 단면적인 기준에 지나지 않습니다. 비록 공부를 잘 못하더라도 다른 면에서 내 자녀의 개성과 가능성을 발전시켜 줄 친구라면 '한 계단 올라선' 친구인 것입니다.

예를 들면 포크나 나이프를 쓰는 솜씨가 서툴러도 남보다 많은 언어를 구사할 수 있으면 그 사람은 높게 평가받습니다. 포크를 잘 쓰는 것보다 외국어 하나를 더 잘하는 편이 훨씬 낫다고 생각하기 때문입니다. 유태인들은 철저한 개인주의자이므로 이처럼 남과 다른 것을 무엇보다 중요시합니다.

또 하나 주의해야 할 것은 부모의 기준으로 자녀의 친구를 판단해서는 안 된다는 것입니다. '그 아이는 말이 너무 많으니까', '그 아이는 물건을 잘 어질러 놓으니까', '그 아이는 목소리가 너무 크니까'라는 식의 표면적이고 부차적인 반대 이유는, 오히려 아이들이 보다 나은 친구를 선택하는 데 필요한 판단력을 흐리게 만듭니다. 따라서 자녀가 그 친구에 의해 자극을 받고 개성을 키울 수 있다면 설사 어머니가 싫어하는 타입이라 해도 굳이 반대할 이유가 없습니다. 어디까지나 자녀의 입장에서 판단해야 합니다.

좋은 친구는 위인을 만든다

유태인이 친구를 신중히 사귀고 소중히 대하는 것은 어릴 때부터 '자기 발전'을 위해 친구를 선택하던 습관이 남아 있기 때문입니다.

예를 들면 유태계 음악가 다리우스 미요는 청년기에 만난 두 친구와의 우정에 자극을 받아 많은 곡을 남겼습니다. 유태계 시인 하이네 역시 유태계 철학자 칼 마르크스를 만나 그의 우정과 사상에 영향을 받으면서 산문시의 걸작인 ≪독일의 겨울이야기≫를 탄생시켰습니다. 나이로 따진다면 하이네가 스물한 살 연하의 마르크스에게 영향을 미치는 것이 자연스럽겠지만 오히려 정반대의 관계에 있었다는 것은, 친구를 선택할 때 나이는 별로 중요하지 않음을 보여줍니다. 또 유태계 천재 작곡가 구스타프 말러도 36년이나 연상인 작곡가 브루크너와 사제지간이면서도 마치 친한 친구처럼 지냈다고 합니다.

≪탈무드≫에 '애매한 친구이기보다 차라리 분명한 적이 돼라'는 말이 있습니다. 이는 친구를 사귀려면 신중히 선택하고 깊은 우정을 나누라는 뜻입니다.

공부는 잘하지 못하더라도 무엇이든 배울 점이 있는 친구라면
'한 계단 높이 서 있는 친구'입니다.

27
아이들끼리 친구라고 해서
부모들까지 친구일 수는 없다

아이들끼리의 우정은 부모와 관계가 없다

자녀가 없을 때는 이웃과 전혀 왕래하지 않다가도 아이가 태어나면서부터 아이로 인해 이웃과 교제를 시작하는 경우가 있습니다.

일본에서 살 때의 일입니다. 한번은 친구의 딸이 두 살쯤 되어 밖에서 놀게 되면서 자연스럽게 이웃아이들과 친해지게 되었다고 합니다. 그러던 중 특히 친한 여자아이가 아침마다 집 앞으로 딸아이를 데리러오게 되었는데, 어느 날 한 번도 본 적 없는 그 아이의 어머니가 함께 와서 친한 사람인 것처럼 말을 걸어오더니, 결국 집 안까지 들어와서는 한 시간이나 수다를 떨다가 갔다는 것입니다. 그

후부터는 그것이 습관이 되었고, 그 일로 제 친구는 이렇게 불평했습니다.

"어떡해야 할지 모르겠어. 나는 전혀 친구라고 생각지 않는데, 그 사람은 우리가 마치 오래 전부터 사귀어 온 친구인양 쇼핑이나 등산을 함께하자고 하니……."

유태인 사이에서는 이런 일이 절대로 일어날 수 없습니다. 아이들로 인해 부모끼리 친해지는 일은 거의 없기 때문입니다. 아이들의 부모끼리 서로 얼굴을 알고 있더라도 그것은 말 그대로 '아는 사이' 일 뿐, '친구'는 아닙니다.

유태에 이런 격언이 있습니다.

'남의 백 마디 중상보다 친구의 조심성 없는 한마디에 더 큰 상처를 받는다.'

친구란 그만큼 소중하며, 자신의 일부와 같은 존재라는 뜻입니다. ≪탈무드≫에 '만약 친구가 야채를 가졌으면 고기를 주어라'라는 말이 있을 정도입니다. 아이들끼리 친하다고 부모들까지 쉽게 친구가 될 수 없는 이유가 바로 여기에 있습니다.

유태인들은 자녀의 친구 부모이지만 그냥 알고 지내는 사이라면 인사를 나누는 정도로 그칩니다.

부모들 우정 역시 아이들에게 이어질 필요는 없다

마찬가지로 유태인은 부모끼리 친구 사이라고 해서 자녀들까지 끌어들이는 일도 없습니다. 제 경우만 해도, 제가 친한 친구를 집으로 초대하는 것은 대체로 저녁 식사 후이므로 아이들은 잠자리에 든 다음입니다. 어쩌다가 아이들이 우리가 있는 방에 들어올 일이 생기더라도 아이들은 내 친구에게 "안녕하세요?" 하고 인사만 할 뿐 곧 자기 방으로 갑니다. 제가 제 아이 친구의 부모를 대하는 것처럼 제 아이들도 제 친구를 대하는 것이다.

이처럼 자식은 자식, 부모는 부모, 이런 형태로 각각 우정을 나누는 것이 우리 유태인들의 기본적인 교제 방식입니다.

그렇다고 이 규칙이 깨지고 아이들이 내 친구와 친해진다고 해서 나쁠 것은 없습니다. 서로 신뢰하고 교제할 수 있으면 되는 것이지 '아이들의 친구 어머니이니까', '어머니의 친구이니까' 하는 조건에 얽매일 필요가 없다는 것입니다.

"'내 아이 친구의 엄마'이니까, '엄마 친구의 딸"이니까 라는 조건 때문에 억지로 친구가 될 필요는 없습니다.

28
젖먹이를 데리고 외출하지 않는다

아기를 데리고 함부로 외출하지 않는다

생후 1년 전후의 아기는 바깥세상과 접촉시키지 않는 것이 유태인들의 원칙 중 하나입니다. 그래서 아기를 데리고 외출하는 일도 드물고, 특히 남의 집을 방문하는 일은 거의 없습니다. 아기도 어른도 괴롭기 때문입니다.

아기는 의자나 탁자를 쓰러뜨리고 귀중품도 무심결에 만지므로 상대방뿐만 아니라 어머니도 안절부절못하게 됩니다. 그러면 어머니는 아기에게 "안 돼!"라는 말을 계속해야 하는데, 아기의 입장에서 본다면 자신의 모든 행동을 어머니에게 부정적으로 제지당하는 것이므로 좋지 않습니다.

그러니 아는 사람에게 초대를 받으면 "지금 아이와 함께 있어야 해요"라고 말하여 정중히 거절합니다. 어쩌다 아기와 함께 초대를 받더라도 데려가지 않는 것이 좋다고 생각합니다. 어쩔 수 없이 함께 가야 한다면, 오래 머물지 않도록 합니다. 말 그대로 커피 한 잔 마시고 돌아오는 정도만 하는 것이지요.

밤에 아기를 데리고 외출하는 것도 절대 삼갑니다. 일찍부터 정해진 시간에 취침하는 습관을 들이기 위해서 밤에는 반드시 아기를 재워야 하기 때문입니다.

외출이 아기의 정서적 안정에 나쁜 영향을 미칠 수도 있다

저는 아기를 안거나 업고 남의 집에 방문하는 어머니들을 보면 '왜 저럴까?' 하고 고개를 갸웃거리게 됩니다.

한 번은 친구의 집에서 그런 어머니를 만난 적이 있었습니다. 그녀는 함께하는 내내 아기 시중에 쫓기다가 결국 이야기도 많이 나누지 못한 채 돌아갔습니다. 그 시간 동안 세 사람 모두 즐겁지 못했던 것은 물론입니다. 이것은 누구에게도 득이 되지 않을 뿐만 아니라, 즐거워야 할 어머니의 외출이 아이의 뒷바라지에 쫓겨 엉망이 되어 버렸으니 불행한 일이기도 합니다.

'즐길 때는 마음껏 즐겨야 한다. 어중간한 즐거움은 차라리 즐기

지 않는 편이 낫다.'

이것이 유태인들의 사고방식입니다. 따라서 육아에 전념해야 하는 기간에는 아이에게만 신경을 쓰는 것이 어머니에게나 아이에게나 좋다고 생각합니다.

그런데 어머니는 그렇게 생각하고 있지만 주위 사람들이 도와주지 않는 경우도 있습니다. 친척이나 아는 사람들이 자꾸만 아기를 만나고 싶어 하고, 심지어 어머니가 아기를 데리고 방문해주기를 바라는 경우도 있지요.

아기를 어르는 것이 그 사람들에게는 즐거운 일인지 모르겠으나, 그들이 정말로 그것을 즐거워한다면, 혹시 아기를 고급 장난감 정도로 생각하고 있는 것은 아닌지 생각해볼 문제입니다. 아기는 지나친 자극에 흥분하기 때문에 정서적으로 불안정해질 위험이 크며, 그로 인해 어머니도 소득 없는 심리적 피로에 빠질 수 있습니다.

따라서 생후 1년 전후인 아기와 그 어머니는 조용히 지내도록 주위에서 배려를 해주는 것이 바람직합니다.

생후 1년 전후인 아기를 둔 부모는
최대한 아기와 조용하고 편안한 시간을 보내는 것이 좋습니다.
아기의 정서적 안정을 위해서도 꼭 지켜져야 합니다.

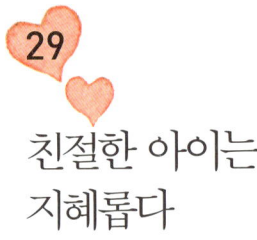

친절한 아이는 지혜롭다

친절을 하찮게 여기다가 벌 받은 소돔 사람들

유태인에게 친절은 단순히 도덕이나 공공심이라는 교훈적인 행위의 문제만은 아닙니다. 친절이란 지혜로운 인간으로 성장해가는 밑거름이라고 생각하기 때문에 아이들이 친절을 베풀었다고 해서 부모가 칭찬을 하지는 않습니다. 또 아이 스스로가 칭찬받기를 기대하면서 친절을 베풀었을 때도 긍정적으로 평가받지 못합니다. 친절은 개인, 특히 아이의 심적 성장이 드러나는 행위이므로 아이에게 강요하거나 칭찬할 일은 아니라고 생각하는 것입니다.

≪구약성서≫의 첫 다섯 편인 〈토라〉에는 친절에 관한 이야기가 몇 가지 있습니다. 특히 '소돔과 고모라' 이야기는 유명한데, 친절을

하찮게 여긴 사람들의 죄를 표현한 내용입니다.

사해 남쪽 해안에는 이웃 도시인 고모라와 함께 소돔이라는 도시가 있었습니다. 어느 날 한 나그네가 이 도시의 금을 지키는 일을 맡게 되었습니다. 그런데 도둑이 들어 그가 지키고 있던 금화 50개

를 훔쳐가 버렸습니다. 금화를 변상할 수 없었던 나그네는 두 딸과 함께 노예로 팔려가야 했습니다.

그런데 알고 보니 금화를 훔친 사람은 소돔 시민 중 한 사람이었습니다. 소돔 사람들은 옛날부터 다른 지역에서 온 사람을 궁지에 몰아넣곤 했는데, 이번에도 그런 경우였던 것입니다.

그러던 어느 날, 노예로 팔려 간 딸 하나가 옛 친구를 만났고, 먹을 것이 없다고 호소하자, 친구는 친절하게도 먹을 것을 갖다 주었습니다. 그러자 이 사실을 알게 된 소돔 시민들은 친절을 베푼 친구를 곧장 사형에 처했습니다. 그것도 발가벗긴 다음, 온몸에 꿀을 발라 벌집 아래 매달아 놓고 벌들이 쏘아서 죽게 하는 잔인한 방법이었습니다.

〈토라〉에 이 이야기에 관한 다음과 같은 구절이 있습니다.

주께서 하늘, 곧 주께서 계신 곳으로부터 소돔과 고모라에 유황과 불을 소나기처럼 퍼 부으셨다. 주께서는 그 두 성과 성 안에 사는 모든 사람과 넓은 들과 땅에 심은 채소를 다 엎어 멸하셨다. _창세기 19장 24절~25절

유태인들은 친절이 최고의 지혜이며, 친절을 부정하는 행위는 큰 벌을 받아 마땅하다고 생각합니다. 또 남이 베풀어 준 친절에 같은

친절로 답례하는 것은 아름다운 행위라고 여기지요.

유태계 음악가 레너드 번스타인이 소년 시절에 피아노를 가르쳐준 헬렌 코츠에게 어른이 된 후에도 꾸준히 보답해왔다는 이야기는 유명합니다. 그녀는 번스타인과 같은 아파트에 살면서 그를 도와주었고, 번스타인 역시 그녀를 곁에서 보살펴주었다고 합니다.

'손님이 헛기침을 하면 스푼을 주라'

유태에 이런 격언이 있습니다. '손님이 헛기침을 하면 스푼을 주라.' 차마 스푼을 달라는 말은 못하고 헛기침만 하는 손님의 마음을 재빨리 헤아려 스푼을 챙겨주는 친절을 베풀라는 말입니다.

이처럼 유태인은 남에게 칭찬받을 만한 두드러진 행위뿐만 아니라 일상생활의 사소한 배려 또한 친절이라고 아이들에게 가르칩니다. 다시 말해 친절은 남에 대한 배려를 바탕으로 이루어지는 행위로 봅니다. 따라서 친절을 베풀 줄 아는 아이는 다른 사람의 마음을 헤아릴 수 있는 지혜를 갖게 되는 것입니다.

친절이란 칭찬할 일도 칭찬받을 일도 아닙니다.
친절은 아주 당연하면서도 따뜻한 배려임을 가르쳐주세요.

자선을 통해
사회를 배운다

죽은 다음에도 남는 것은 선행뿐이다

유태인은 자선사업 등 남을 위한 일, 특히 불우한 환경에 처해 있는 사람이나 장애인에 대한 선행을 매우 높이 평가합니다. 또 그런 행위에 대한 확실한 가치기준도 예로부터 전해지고 있습니다.

≪탈무드≫에 다음과 같은 이야기가 있습니다.

옛날에 왕이 어떤 사나이에게 사자를 보내어 곧 오라는 명령을 내렸다. 사나이는 분명 왕의 문책을 받을 것이 틀림없다고 생각했다. 혼자 가는 것이 두려워진 그는 세 친구에게 동행을 부탁하기로 결심했다. 첫 번째는 가장 친한 친구, 두 번째는 그 정도의 친분은 아니지만 좋아하는 친구, 마지막 세 번째는 친구이긴 하지만 알고 지내는 정도의 친구였다.

그런데 첫 번째 친구는 일언지하에 거절했다. 두 번째 친구는 "왕궁 문 앞까지는 가주겠네"라는 단서를 붙였다. "가고말고. 자네는 아무런 잘못도 없으니 같이 왕을 만나세." 이렇게 말해준 친구는 그다지 중요하게 생각하지 않던 세 번째 친구뿐이었다.

≪탈무드≫에 따르면 첫 번째 친구는 '재산'을 의미합니다. 이는 제아무리 친하게 지낸다 해도 죽어서는 가져가지 못한다는 것입니다. 두 번째 친구는 '친척'인데, 기껏해야 화장터까지 동행해준다는 의미입니다. 마지막까지 동행해 준 세 번째 친구는 '선행'이다. 평소에는 잘 드러나지 않으나 죽은 뒤에 남는 것은 선행뿐이라는 것입니다. ≪탈무드≫가 집대성된 고대로부터 유태인에게는 가난한 사람, 비참한 사람에게 베푸는 선행이 재산이나 친척보다 훨씬 중요했던 것입니다.

모든 젊은이들이 그런 것은 아니지만 교통질서를 예사로 무시하거나 폭력을 행사하는 따위의 젊은이를 볼 때면 도대체 무슨 이유에서 그러는지를 생각해보게 됩니다.

공공심은 어릴 때 형성됩니다. 그런데 과연 아이들에게 사회 구성원으로서의 올바른 자세에 대해 제대로 가르치고 있는 것일까요.

공부를 잘해서 좋은 회사에 취직하는 것은 권하면서, 어떻게 해야 다른 사람들과 원만하게 사회생활을 해나갈 수 있는지에 대한 지혜는 제대로 가르치지 않아 생긴 폐해는 아닐까 생각해봅니다.

자선은 어릴 때부터 가르쳐야 할 사회교육이다

유태에 이런 격언이 있습니다.

'세상은 배움, 일, 자선을 바탕으로 성립된다.'

제아무리 많이 배우고 일을 잘해도 '자선'을 잊으면 세상이 돌아가지 않는다는 뜻입니다.

'자선'은 히브리어로 '체다카'라고 하는데, 이 말에는 '정의'라는 뜻도 담겨있습니다. 영어로 '자선'에 해당하는 '채러티(charity)'가 라틴어의 '베푼다'라는 말에서 나온 것과는 달리, 유태인이 해석하는 '자선'은 말 그대로 '정의' 그 자체인 것입니다.

유태인은 '자선'이란 베푸는 것이 아니라 더불어 살아가기 위해 해야 할 일이라고 생각합니다. 유태인이 남에게 선물하기를 좋아하는 것 또한 이와 같은 생각에서 비롯하는 것입니다.

'자선'은 어릴 때부터 아이들에게 가르쳐야 하는 사회교육입니다. 그래서 유태의 어느 가정에서나 아이들이 아주 어릴 때부터 작은 저금통을 주고 '자선'을 위해 저축하도록 가르칩니다. 아이들은 교

회에 갈 때마다 그동안 저축한 돈을 불우한 사람들을 위해 기부합니다. 어릴 때부터 '자선'을 의무로 알고 있는 것이지요. 이 습관은 어른이 되어도 계속됩니다. 풍족한 사람은 수입의 5분의 1을, 평균적인 생활을 하고 있는 사람은 수입의 10분의 1을 자선합니다.

아이들은 저금통을 통해 자신의 생활이 항상 사회와 연결되어 있다는 것을 의식하면서 성장합니다. 그러므로 대중교통을 이용할 때 노인에게 자리를 양보하는 것은 매우 자연스러운 일이며, 어른이 된 뒤에도 아무런 저항 없이 사회에 동화되어 갑니다.

아이의 지능 계발에 신경을 쓰는 것도 좋지만, 사회의 그늘진 곳에 눈을 돌릴 수 있는 따뜻한 마음을 가진 사람으로 키우는 것도 중요하지 않을까요?

아이에게 자선의 의미를 가르쳐주세요.
우리 사회에 꼭 필요한 구성원이 될 수 있도록 말이에요.
그 가르침은 작은 저금통에 동전을 모으는 것부터 시작할 수 있습니다.

31 아이에게 선물 대신 돈을 주지 않는다

돈이 애정을 대신할 수 없다

유태에 이런 격언이 있습니다.

'큰 부자에게는 자식이 없다. 상속자가 있을 뿐이다.'

매우 날카롭고 직선적인 표현입니다.

지난 날, 지폐가 없던 시대에 돈은 곧 금이나 은이었고 '아주 차가운 것'이라는 이미지가 강했습니다. 특히 부자는 돈을 잔뜩 쌓아 놓고 있었으므로 그 차가움이 자신은 물론 가족에게까지 전달되어 따뜻한 마음이 없는 가정이 형성된다고 보았습니다. 그래서 그러한 가정의 자식은 단지 부모가 가진 '차가운 돈'을 원하는 상속자일 뿐이라는 것입니다. 이 격언은 부모와 자식 사이에 금전문제가 개입되면 좋지 않은 결과를 초래한다는 사실을 가르치고 있습니다.

그래서 나는 자녀들과 돈을 매개로 한 접촉을 되도록이면 피하고 있습니다. 왜냐하면 앞에서 말한 격언처럼 돈거래로 부모와 자식의 관계를 차갑게 하고 싶지 않기 때문입니다.

유태인들은 아이에게 선물 대신 돈을 주는 일은 절대 하지 않습니다. 선물 대신 돈을 주는 것은 결국 '이 돈으로 무엇이든 마음대로 사 가져라'라는 뜻입니다. 이처럼 무책임한 태도는 자녀에 대한 애정이 부족하다는 얘기와 마찬가지입니다.

간혹 집에 왔던 손님이 돌아갈 때 아이들에게 주라면서 돈을 놓고 가는 경우가 있습니다. 그러면 나는 아이에게 돈을 건네주며 이렇게 말합니다.

"그 분이 친절하게도 너희의 용돈을 주고 가셨구나. 너희에게 꼭 필요한 물건을 사주신 거라고 생각하렴."

선물이란 어떤 것이든 나름대로 의미를 가지고 있습니다. 부모와 자식 간에 오가는 선물은 애정과 관심을 확인하는 것이어야 합니다. 하지만 돈은 그런 의미와는 거리가 멉니다.

19세기 중엽 유태인 중에서도 손꼽히는 갑부였던 로스차일드 가문의 암셸은, 반(反) 유태 폭도들이 밀려들자 이렇게 말했습니다.

"너희는 유태인 갑부에게서 돈을 얻어내고 싶겠지? 독일인은 다

합쳐야 4천만 명에 지나지 않아. 그 정도 금화는 얼마든지 있어. 우선 한 사람당 1플로린씩 던져주겠다."

그러고는 폭도들에게 돈을 주었다고 합니다. 암셀에게는 자식이 없었는데, 만약 자식이 있었다면 그렇게 모욕적인 방법으로 돈을 주지는 않았을 것입니다.

돈으로 애정을 대신할 수는 없습니다. 따라서 애정의 표시로 주는 선물을 돈으로 대신할 수도 없는 것입니다.

아이들은 돈의 가치를 판단하지 못한다

안타까운 일이지만 '유태인은 돈에 인색하다'는 편견이 여전히 지배적이라는 생각이 들 때가 있습니다. 그 전형은 셰익스피어가 ≪베니스의 상인≫에서 묘사한 '피도 눈물도 없는 고리대금업자 샤일록'일 것입니다.

셰익스피어가 태어난 때는 이미 유태인이 영국에서 추방당한 뒤이고, 그가 자란 시기는 유태인에 대한 편견이 한창일 때였습니다. 게다가 유럽의 지배적인 종교인 그리스도교는 돈을 죄악시했기 때문에 '두툼한 지갑은 그다지 훌륭할 것이 없습니다. 그러나 빈 지갑은 나쁘다'라는 격언을 가진 유태인은 상대적으로 나쁘게 인식될 수밖에 없었습니다. 셰익스피어에게 각인되어 있던 편견이 고리대금업자를 유태인으로 설정해버린 것입니다.

유태에 이런 격언도 있습니다.
'돈은 무자비한 주인도 유익한 하인도 될 수 있다.'
돈 그 자체는 좋은 것도 나쁜 것도 아니며, 주인으로 섬기든 하인으로 부리든 돈을 사용하는 사람에게 달렸다는 뜻입니다.
이렇듯 돈이 가진 미묘함을 아이들에게 가르친다는 것은 여간 어려운 일이 아닙니다. 그래서 나는 다음과 같이 알아듣기 쉽게 재미있는 얘기로 설명해주곤 합니다.
유태인들에게는 18세기까지만 해도 성(姓)이 없었습니다. 그러다가 18세기 이후부터 각국 정부가 유태인에게 성을 팔기 시작했습니다. 유태인은 좋은 성을 사기 위해서 많은 돈을 지불했습니다.
예를 들면, 꽃이나 보석에서 따온 성은 값이 무척 비쌌습니다. 장미를 뜻하는 '로젠탈'이란 유태 이름은 큰돈을 치르고 얻은 이름이라고 생각하면 틀림없습니다. 개중에는 황금이라는 뜻의 '골드'와 꽃이라는 뜻의 '브룸'을 합한 '골드브룸'이라는 성도 있었습니다. 반면에 좋지 않은 성은 값싸게 살 수 있었습니다. 싼 것들은 동물 이름인데 '이리'라는 뜻의 '울프손'이 그중 하나였고, 돈을 내지 못하면 엉덩이를 뜻하는 '힌터게슈트' 따위의 성이 주어지기도 했습니다.
이 이야기를 해주면 아이들은 무척 재미있어 합니다. 어떤 아이들은 "로젠탈보다 울프손이 훨씬 좋아요" 말하기도 합니다. 그러나 이런 반응은 이야기를 표면적으로 이해했을 뿐이지 결코 이야기의 본질을 이해한 것은 아닙니다. 돈이란 사람에 따라 다르게 사용될 수 있으며, 로젠탈 씨보다 힌터게슈트 씨가 인간적으로 뒤진다는 의미는 아니라는 것까진 아이들이 이해하지 못한 것입니다.

이와 같이 돈의 의미를 전혀 모르는 아이들에게 돈을 선물 대신으로 준다는 것은 바람직하지 못합니다. 그래서 저는 돈에 대해 아이들이 신경 쓰게 하고 싶지 않습니다.

돈이 애정을 대신할 수는 없습니다.
그러므로 돈이 사랑을 표현하는 선물이 될 수 없습니다.

먹을 것에 감사할 줄 아는
아이로 키운다

식탁에서 가르치는 감사와 기쁨

인간은 동물과 달라서 오직 먹는 데만 의미를 두는 것은 인간으로서의 가치가 없다고 유태인들은 믿고 있습니다. 그래서 날마다 식탁에서 하나님께 감사를 드립니다. 아이에게도 식사는 어디까지나 종교적인 행위이며 하나님의 도움으로 날마다 식사할 수 있는 거라고 가르칩니다. 식사 때마다 음식을 앞에 놓고 하나님께 기도하는 것도 언제나 감사하는 마음을 잊지 않기 위해서입니다.

이렇게 함으로써 아이는 그날 하루가 하나님의 도움으로 무사히 끝났다는 것을 저녁식사를 통해 알게 됩니다. 특히 안식일인 금요일 저녁식사는 세 시간에 걸쳐 조리된 고기를 천천히 먹습니다.

식후에는 노래하고 춤추며 즐겁게 보냅니다.

요즘에는 가족과 함께 식사할 기회가 적고, 식사시간도 짧아지는 등 식탁 분위기가 삭막해지고 있다고들 말합니다. 그러나 유태 가정에서 그런 일은 있을 수 없습니다. 하나님에 대한 감사의 마음을 가지고 하는 식사는 늘 평온하며 오랜 시간 화기애애하게 진행되기 때문입니다.

유태에서는 축제도 식탁을 중심으로 펼쳐칩니다. '신년축제(유태력으로 1월 1일이며, 보통 9월과 10월 사이에 있다)'의 경우, 식사는 다섯 시간이나 계속되기도 합니다. 봄에 있는 '유월절(이스라엘 민족의 자유와 해방을 기념하는 축제로, 보통 3~4월 중 일주일 동안 계속된다)'에는 식탁에 여러 음식이 푸짐하게 놓이며, 이때도 역시 고기를 세 시간 넘게 조리합니다.

축제 때는 온 가족과 친지들이 하나의 식탁을 둘러싸고 식사를 하면서 성서에서 인용한 시나 전설을 이야기하고 노래도 부릅니다. 아이들은 이러한 식탁 분위기에서 풍족한 먹을거리에 대해 감사하는 마음을 자연스럽게 길러가는 것입니다.

인간답게 깨끗한 음식만 먹는다

식사를 천천히 즐겁게 하는 것은 건강의 비결입니다. 또 하나님에게 감사하며 먹는 것은 자신의 생명을 소중히 여기는 일과도 통한다고 볼 수 있습니다.

유태인은 식탁에서 무엇을 먹을 것인가에 대해서 매우 예민한 민족입니다. 무엇이든지 배만 채우면 된다는 식의 사고방식은 통하지 않습니다. 요컨대 '인간답게 깨끗한 음식만 먹음'으로써 자신이 동물과 다르다는 것을 구분 짓고, 이것을 하나의 긍지로 삼습니다.

≪탈무드≫에는 먹으면 안 되는 것과 먹어도 좋은 것을 분명하게 밝히고 있습니다. 유태인은 이 규칙에 부합되는 깨끗한 음식을 '코우샤 푸드'라고 부르며 현재도 많은 가정에서 엄격하게 지키고 있습니다. 게다가 아이들에게는 어릴 때부터 무엇이 깨끗한가를 분명히 가르칩니다.

거기에 관련한 대표적인 예는 고기를 먹는 방법입니다. 먼저, 유태인은 동물을 식용으로 할 경우 피가 남지 않도록 일격을 가해 죽인 뒤에 거꾸로 매달아 피를 뺍니다. 다시 완전히 피를 빼기 위해 고기를 30분간 물에 담가 소금을 뿌린다. 소금이 피를 빨아내는 것입니다. 그런 다음 먹어도 좋다는 결론을 내립니다.

이는 본디 성서의 가르침에서 유래된 것으로, ≪구약성서≫에 따르면 노아의 홍수 때까지는 고기를 먹지 못하게 했습니다. 그러다 노아가 방주에서 내린 뒤, 하나님은 방침을 바꾸어 인간이 육식을 할 수 있도록 허락했습니다. 그때 피가 섞인 고기를 먹지 말고, 죽여서 먹을 것 등의 조건이 붙었습니다.

유태인은 이 가르침을 지금도 지키고 있습니다. 육류에 대한 계율은 매우 엄격하여 네 발 달린 동물 중 위가 두 개 이상 있으며, 발톱이 두 개로 갈라진 것만 허용되었습니다. 그러므로 돼지는 위가 하나뿐이어서, 말은 발톱이 나누어져 있지 않기 때문에 먹을 수 없습니다. 물고기는 비늘이 있어야 한다는 조건이 있어 뱀장어나 미꾸라지는 먹을 수 없습니다. 육식을 하는 독수리도 제외하고 있으며, 새우도 먹어서는 안 된다고 가르치고 있습니다.

아이들은 먹을 것을 통하여 '인간다움'을 배운다

아이들도 이 계율을 지켜야만 합니다.

제 큰딸은 뉴욕에서 살 때 남자친구에게 텔레비전 광고에 나온 빵이 먹고 싶다고 말한 적이 있다고 합니다. 그러자 남자친구는 "그 빵을 먹는다면 너는 유태인이 아니야"라고 잘라 말했고, 딸아이는 이 말에 충격을 받았다고 합니다. 알고 보니, 그 빵은 돼지기름으로 구운 것이었습니다. 즉, 딸아이의 남자친구는 돼지가 깨끗한 먹을거리가 아님을 잘 알고 있었다는 말이지요.

한번은 이런 적도 있었습니다. 일곱 살 난 재 친구의 딸이 소풍을 다녀와서 들려준 이야기인데, 친구들과 함께 아이스크림가게에

갔다가 그 아이는 먹고 싶은 생각이 없어서 다른 것을 샀던 모양입니다. 그런데 집에 돌아온 아이가 내 친구에게 "엄마, 나 용돈 손해 봤어"라고 말하더라는 것입니다. 자초지종을 들어 보니, 아이가 산 음식물 속에는 공교롭게도 작은 새우가 들어가 있었고, 아이는 그것이 유태인에게 금지된 음식임을 떠올리고는 버리고 만 것입니다.

물론 돼지고기를 먹는 사람을 야만인이라고 생각하지는 않습니다. '코우샤 푸드'는 유태인의 종교적 계율이고, 다른 민족은 그 민족만의 고유의 식습관이나 풍습이 있는 것이니까요.

유태인은 오랜 옛날부터 지금까지 먹는 행위를 종교와 결부시켜 살아온 민족입니다. 아이들은 먹을 때도 하나님을 의식하는 것이 인간다움의 중요한 포인트라는 것을 자각하도록 교육받고 있습니다. 다시 말해 음식을 통해서 '유태인다움'은 물론 '인간다움'을 깨닫게 된다는 것입니다. 제가 강조하고 싶은 것은 단지 이것입니다.

먹을 것에 대해 감사할 줄 아는 아이는
인간다움에 대해서도 깨닫게 됩니다.

33
성(性)에 대해서는
사실만 간결하게 가르친다

성은 자연스러운 것이다

유태인에게 성은 매우 자연스러운 것입니다. ≪구약성서≫에도 인류 최초의 성행위가 간결하게 적혀 있습니다.

> 아담이 자기 아내 하와와 동침하니, 아내가 임신하여 가인을 낳았다. 하와가 말하였다. "주의 도우심으로, 내가 남자 아이를 얻었다."
> _창세기 4장 1절

여기서 '동침하다'라는 말은 히브리어로 '야다(yada)'라고 하는데, '상대를 알다'라는 뜻도 가지고 있습니다. 즉 육체를 통해 사랑하는 것이야말로 서로를 진정으로 아는 것이라고 말할 수 있겠습니다.

유태인은 성을 부끄러워하거나 감추어야 할 것으로 생각하지 않는다. 하나님께서 허락하신 일이므로 거리낌 없이 당연하게 받아들입니다. ≪탈무드≫에도 '성은 자연의 일부이니 자연스럽지 못할 까닭이 없다'라는 말이 있습니다.

사실만 간단명료하게 설명한다

유태인 부모는 자녀의 성교육에도 '성=자연'이라는 사고방식을 그대로 적용합니다.

아이들은 4, 5세 때부터 성에 흥미를 갖기 시작하며 궁금한 것을 부모에게 묻기 시작합니다. 물론 아이가 성에 관해 질문하면 어떻게 대답하면 좋을지 모르겠다며 난처해하는 부모도 있을 것입니다. 그러나 우리는 결코 말을 더듬거나 얼굴을 붉히거나 화를 내는 일이 없습니다. 성경에 씌어 있는 사실만을 간단명료하게 전할 뿐입니다.

성에 대해 감추고 말하기를 주저하는 것은 오히려 아이의 호기심을 자극해 불필요한 흥미만 갖게 합니다. 게다가 아이는 비밀스러운 무언가가 있다고 생각해 집착하게 됩니다. 이렇게 되면 성은 본래의 자연스러움을 잃게 되고, 아이의 마음속에서 괴물처럼 떠오를 것입니다.

아이가 묻지 않은 것까지 설명할 필요는 없지만 아이가 궁금해하는 것에 대해서는 거짓말로 가르쳐서는 안 된다고 생각합니다. 제 경험상 사실을 그대로 설명해주면 아이들은 결코 그 이상은 묻지 않습니다. 공연한 상상력을 발휘할 필요가 없어 부모의 말을 그대로 받아들이기 때문이지요. 나머지는 아이들이 성장하면서 스스로 깨우치면 됩니다.

이스라엘의 키부츠에서는 성과 관련된 아이들의 행동을 자연스럽게 내버려둡니다. 간혹 어린아이가 자신의 성기를 만지작거리는 행위를 하더라도 내버려둡니다. 아홉 살이 되면 그제야 "남들이 모르게 하라"고 타이르는 정도입니다.

이와 같이 유태인은 성이란 매우 자연스러운 것이라고 가르칩니다. 만약 아이가 성과 관련된 행동을 하더라도 그 자리에서 간단히 주의를 주는 것으로 충분하다고 생각합니다.

유태인은 '5분 동안 끝낼 수 있는 말이 아니면 아예 꺼내지도 마라'라는 말을 흔히 합니다. 다시 말해서 무슨 말이든 간단명료하게 하라는 뜻인데, 이것은 성교육에서도 마찬가지입니다.

성에 대해 이야기할 때는 사실만 간단명료하게 말해주세요.
나머지는 아이가 성장하면서 자연스럽게 알게 해주세요.

어릴 때부터 성별의 차이를 알게 한다

'할례'는 유태인이 되는 의식이다

유태계 화가 마르크 샤갈은 초기에 '할례', '혼례', '부부', '성가족' 등 유태인의 전통적인 생활을 사실적으로 묘사한 작품들을 발표했습니다. 이 가운데 '할례'는 유태인의 생활 가운데 결혼식이나 장례식과 마찬가지로 없어서는 안 될 행사입니다.

할례란 생후 8일 째에 남자아이의 성기 포피를 자르는 의식으로, 유태인은 이 의식을 통해서 일찍부터 아이들에게 남녀의 성별을 분명하게 인식시킵니다. 할례를 하지 않은 사내아이는 유태인으로 인정하지 않는데, 이유는 할례가 유태인의 조상인 아브라함과 가족이 되는 의식이기 때문입니다.

할례 의식은 다음과 같이 진행됩니다. 아이가 태어나 8일째가 되면 그 아이의 형제자매는 물론 친척이나 이웃 사람들이 지켜보는 가운데, 가장 먼저 아버지가 입에 술을 머금었다가 숨에 내뿜어 그것으로 아기의 입을 적십니다. 이것은 통증을 느끼지 못하게 하기 위한 일종의 알코올 마취인데, 실제로는 그렇게 하지 않아도 신경이 아직 발달한 상태가 아니므로 통증은 없을 것입니다. 그 다음 '모헬'이라 불리는 사람이 준비하고 있던 특별한 칼로 남자아이의 포피를 자릅니다. 이 일이 끝나면 사람들은 춤추고 노래하며 축하합니다.

이 자리에 어머니는 참석하지 않는다. 또 만약 태어난 아기가 여자일 경우는 교회에서 명명식(命名式)을 치르는 의식만 할 뿐, 남자아이처럼 축하 파티는 열지 않습니다.

《구약성서》에는 하나님이 아브라함에게 할례에 대해 다음과 같이 말했다고 기록되어 있습니다.

너희 가운데서 남자는 모두 할례를 받아야 한다. 이것은 너와 네 뒤에 오는 너의 자손과 세우는 나의 언약, 곧 너희가 모두 지켜야 할 언약이다. 너희는 양피를 베어서 할례를 받게 하여라. 이것이 나와 너희 사이에 세우는 언약의 표이다. 대대로 너희 가운데서 남자는 모두 난 지 여드레 만에 할례를 받아야 한다. 너희의 집에서 태어난 종들과 너희가 외국인에게 돈을 주고서 사온 종도, 비록 너희의 자손은 아니라 해도 마찬가지로 할례를 받아야 한다. 집에서 태어난 종과 외국인에게 돈을 주고서 사온 종도 할례를 받아야 한다. 그렇게 하여야만 나의 언약이 너희 몸에 영원한 언약으로 새겨질 것이다. 할례를 받지 않은 남자, 곧 양피를 베지 않은 남자는 나의 언약을 깨뜨린 자이니, 그는 나의 백성에게서 끊어진다.
_창세기 17장 10~14절

할례는 순수한 종교의식이지만, 최근에는 위생적인 효과도 인정되어 유태인이 아닌 사람도 갓난아기에게 이와 같은 수술을 시키는 일이 많아졌습니다. 어릴 때 포피를 제거하면 아이가 성장한 뒤에도 청결을 유지할 수 있고, 포경 등으로 고생하지 않는다는 이점이 있기 때문입니다.

유태 사회는 남성의 권위와 책임을 강조한다

유태의 남자 중 장남인 경우에는 생후 30일 째에 또 다른 의식을 치르고, 13세가 되면 진정한 남자로서의 성인식을 치릅니다.

성인식은 '바알 미츠바'라고 부르는데, '하나님의 계율을 지키는 아들'이라는 뜻입니다. 이 의식은 사내아이의 열세 번째 생일 다음에 오는 안식일에 치릅니다. 아이는 교회에 모인 사람들 앞에서 교전을 읽은 다음, 집으로 돌아와 친척과 친구들을 초대하여 축하 파티를 엽니다.

유태 사회는 이런 의식을 통해 남성의 권위와 책임을 강조합니다. 이렇게 해서 성인이 된 남자는 한 가정을 이루어 가정의 중심으로 확고하게 자리를 잡는 것입니다. 안정된 가정생활과 사회생활의 기초가 생후 8일째에 치르는 할례 의식에서부터 다져진다고 해도 과언이 아닙니다.

남녀의 역할과 책임이 조금은 달라도
남자와 여자는 평등하다고 가르쳐주세요.

텔레비전이 아이에게 미치는 영향은 부모 하기 나름이다

텔레비전의 영향은 부모의 관리법에 따라 달라진다

우리는 현재 텔레비전이나 영화 등 다양한 매체를 통해 폭력 장면을 쉽게 접할 수 있는 시대가 되었습니다. 그래서인지 모방 범죄를 저지르는 청소년 이야기가 이따금 뉴스나 신문을 통해 보도되면서 텔레비전이 청소년에게 미치는 폐해에 대해 지적하곤 합니다.

그러나 유태인들은 텔레비전 방송 때문에 나쁜 영향을 받는 일이 거의 없습니다. 저는 여덟 살인 작은딸과 여섯 살인 장남에게 안식일을 제외한 날에는 오후 여섯 시 반까지만 텔레비전을 볼 수 있도록 허락했습니다. 그것도 어린이 프로그램만 볼 수 있고, 어른 프로그램을 보고 있으면 저는 말없이 전원을 꺼버립니다. 그러니 아이들이 텔레비전을 보는 시간에 폭력장면이 나오는 일은 우리집에서는 있을 수 없습니다.

사실과 허구의 차이점을 명확히 가르쳐라

유태 부모들이 폭력장면을 무조건 보지 못하게 하는 것은 아닙니다. 그것이 사실이라면 당연히 아이들에게도 보여 주도록 합니다. 다큐멘터리와 같은 장르가 그에 해당됩니다.

우리 유태인은 오랜 박해의 역사를 가지고 있습니다. 특히 제2차 세계 대전 중 나치에 의한 대량학살은 유태인 한 사람 한 사람의 가슴에 깊이 새겨져 있습니다. 제 경우는 조부모, 백부 내외까지 모두 학살당하고 현재는 한 사람도 남아 있지 않습니다. 랍비인 마빈 토케이어 씨 가족도 대부분 아우슈비츠에서 학살당했다고 합니다. 그의 어머니는 11남매였는데, 그의 어머니를 제외한 모든 형제와 자손들이 학살당했다는 것입니다.

이처럼 아우슈비츠를 포함한 나치의 포악한 역사는 다큐멘터리 영화로 남아 있습니다. 유태인들은 이런 종류의 기록영화만은 폭력적인 장면이 있다 하더라도 아이들이 볼 수 있게 합니다. 아우슈비츠에서 죽어간 유태인들의 모습만큼 폭력의 본질을 생생하게 보여 주는 것도 없습니다. 아이들은 그것을 직시하도록 교육받고 있습니다. 거기에서 얻는 것은 원망이 아니라, 다시는 되풀이하고 싶지 않다는 '역사의 교훈'인 것입니다. 이는 우리 스스로가 아이들에게 사실을 정확하게 전하려는 노력의 하나입니다.

만약 내 아이가 "엄마는 왜 사촌들이 없나요?" 물으면 저는 솔직하게 "친척들이 모두 학살당했단다"라고 대답합니다. 사실을 있는 그대로 받아들이는 자세가 확립되면 폭력이 아이들에게 나쁜 영향을 미치는 일은 없을 거라고 저는 생각합니다.

제 딸들은 어려서 텔레비전을 좋아하지 않았지만 그래도 가끔 영화를 보는데, 금지사항 같은 건 없었습니다. 큰딸은 이미 사실과 허구를 분명하게 구별할 수 있었으니까요. 폭력이 아이에게 해로운 것은, 사실과 허구를 혼동하는 '마음자세' 때문입니다.

정말로 나쁜 것은 텔레비전이 아니라, 텔레비전과 현실의 차이를 아이들에게 철저하게 가르치지 못하는 부모라고 생각합니다.

사실과 허구의 차이를 깨닫게 해준다면, 텔레비전의 폭력장면이 더는 아이들에게 나쁜 영향을 끼치지 않을 것입니다.

허왕되고 비현실적인 것을
가르치지 않는다

유아기부터 합리주의를 익힌다

　유태인은 합리주의자입니다. 예컨대 ≪탈무드≫의 해석을 둘러싸고 장장 몇 시간에 걸쳐 토론을 할 때도 저마다 논리적인 의견을 펼칩니다. 이런 성향 때문에 때로는 '유태인은 추상적이다'라는 평가를 들을 때도 있지만, 우리에게 이야기가 이치에 맞아야 한다는 것은 무엇보다 중요한 일입니다.

　그러므로 유태인은 아이들에게 '산타클로스가 있다'는 등의 비현실적인 이야기를 하지 않습니다. 그 이야기가 한때 아이들의 상상력을 자극할 수는 있겠지만, 결과적으로는 '허황된 꿈'을 심어주기 때문입니다. 그래서 나는 죽으면 '천국'에 가느니 '지옥'에 가느니 하는 따위의 이야기도 아이들에게 절대 하지 않습니다. 저 자신조차 믿지 않는 것을 아이들에게 이야기할 수는 없기 때문이지요.

유태인들은 이처럼 어릴 때부터 합리주의적인 환경에서 자랍니다. 그러니 유태인 가운데, 상대성이론을 발견한 아인슈타인, 매독반응을 발견한 바서만, 혈액형을 발견한 란트슈타이너 등의 과학자와 냉철한 현실감각으로 세계 제일의 금융재벌이 된 로스차일드 등이 탄생한 것은 어쩌면 당연하다고 할 수 있습니다.

기적마저도 과학적으로 입증한다

합리주의자인 유태인은 '기적'을 결코 믿지 않습니다. 그렇다면 "≪구약성서≫에 기록된 기적들은 다 무엇으로 설명할 것인가?" 반문할지도 모르겠습니다. 하지만 ≪구약성서≫의 기적은 모두 과학적으로 입증할 수 있는 것들입니다. 이 세상에 있을 수 없는 기적은 하나도 실려 있지 않습니다.

한 가지 예를 들어보겠습니다. 모세가 이스라엘 백성들을 데리고 사막으로 도망쳐서 홍해까지 왔을 때, 앞은 바다가 가로막고 뒤는 이집트 군사들이 쫓고 있어 그야말로 진퇴양난의 위기에 처하게 되었습니다. 이때 기적이 일어납니다.

모세가 바다 위로 팔을 내밀었다. 주께서 밤새도록 강한 동풍으로 바닷물을 뒤로 밀어 내시니, 바다가 말라서 바닥이 드러났다. 바닷물이 갈라지고, 이스라엘 자손은 바다 한가운데로 마른 땅을 밟으며 지나갔다. 물이 좌우에서 그들을 가리는 벽이 되었다. _출애굽기 14장 21~22절

홍해가 양쪽으로 갈라져서 유태인이 그 사이로 도망칠 수 있었다는 내용입니다. 이 이야기를 읽고 있을 수 없는 일이라며 섣불리 단정하는 것은 옳지 않습니다. 왜냐하면 홍해는 백 년에 한 번쯤 지중해에서 불어오는 강풍으로 조수가 빠지면서 사람이 건널 수 있을 정도로 물이 얕아지는 일이 실제로 일어나기 때문입니다. 따라서 우리는 성서의 기적이 때를 잘 맞추어 일어났다는 것일 뿐, 결코 공상은 아니라고 생각하는 것입니다.

이렇게 기적까지도 논리적으로 해석하려는 자세에서 유태인의 철저한 합리주의를 엿볼 수가 있습니다.

러시아의 혁명가 레온 트로츠키는 일곱 살 때 친구에게 이런 말을 했다고 합니다.

"사람이 죽으면 하늘로 올라간다는 건 있을 수 없어."

또 음악가인 다리우스 미요는 어릴 때 어머니 소피로부터 터키의

'그림과 같은 풍경'에 대한 이야기를 듣고 옛날이야기를 들었을 때보다 훨씬 더 큰 상상의 날개를 펼칠 수 있었다고 합니다. 아무 근거도 없는 허황된 이야기보다 현실적으로 일어난 일들이 오히려 상상력을 자극했던 것입니다.

유태인은 이처럼 허황된 것을 부정하고 현실성이 높은 것을 바탕으로 논리적인 이론을 펼치는 데 힘을 쏟습니다. 어릴 때부터 이루어지는 합리주의 교육이 바로 수많은 과학자, 사업가, 예술가 등을 배출하는 토대가 됩니다.

만약 부모가 '꿈을 심어주기 위해서' 허황된 것을 가르친다면 언젠가는 그것이 거짓임을 말해주어야 합니다. 그와 같은 번거로움을 생각한다면 처음부터 참된 것을 말해 주는 것이 좋을 것입니다.

허황된 꿈을 심어주기보다 사실에 근거한 합리주의 교육이
아이의 논리력과 상상력을 키워줍니다.

Episode 02

가족의 사랑이 배출한 세계적인 영화감독
스필버그

　전 세계인을 대상으로 '영화감독'하면 누가 가장 먼저 떠오르는지 묻는다면 단연코 스티븐 스필버그일 것입니다. 그는 영화 역사상 가장 많은 흥행작품을 만들어냈습니다. '죠스'를 시작으로 'E.T.', '인디아나 존스', '쉰들러 리스트', '라이언 일병 구하기', '우주전쟁' 등 그의 대부분 작품이 세계인의 사랑을 받았습니다.

　지금은 이렇게 세계인의 사랑을 받는 스필버그이지만 어린 시절의 그는 언제나 외톨이였습니다. 잦은 이사와 유태인이라는 이유 때문이었지요. 하지만 그에게는 그를 너무도 사랑하는 가족과 8mm 무비 카메라가 있었습니다. 그가 친구 대신 선택한 카메라는 힘든 현실에서 벗어나 꿈속에서 쉴 수 있게 했습니다.

　어린 스필버그는 자신의 영화에 가족을 배우로 등장시켰습니다. 한번은 자신이 직접 이야기를 써서 세 여동생을 주연으로 한 짧은 공포 영화를 만들었는데, 이 영화에서 세 여동생은 수없이 죽어야 했습니다. 이 영화를 찍고 난 뒤 여동생들은 스필버그와 마주치지 않기 위해 숨어 다녔다고 합니다. 하지만 결국 사랑하는 오빠의 부탁을 거절하지 못하고 다시 그의 영화에 배우로 출연합니다.

어머니 또한 그가 만든 영화의 단골 배우였습니다. 어느 날 어린 스필버그는 자신의 첫 영화에 등장할 배우를 찾고 있었습니다. 그때 마침 어머니가 눈에 띄었고 무작정 어머니를 졸라댔습니다.

"어머니, 제 영화에 독일병사로 출연해 주세요. 네? 네?"

어머니는 눈을 반짝이며 졸라대는 스필버그가 너무도 사랑스러워 기꺼이 독일병사로 출연했습니다.

스필버그의 어머니는 공부에 흥미가 없는 아들에게 공부하란 잔소리는 절대 하지 않았습니다. 대신 영화 만들기를 좋아하는 아들의 상상력을 키워주기 위해 매일 잠자리에서 동화책을 읽어 주었습니다. 그 가운데 《피터팬》은 뒷날 스필버그에 의해 영화 '후크'로 다시 태어납니다. 어머니의 애정 어린 관심이 아들의 재능을 알아보았고 그 결실이 맺어진 것입니다.

스필버그의 대부분 영화에는 사랑이 담겨 있습니다. 'E.T.'에는 외계인과 어린이들의 사랑이, '쉰들러 리스트'에는 인종차별에 억압받지 않는 인간애가, '라이언 일병 구하기'에는 생사를 넘나들며 쌓는 전우애가, '우주전쟁'에는 딸에 대한 아버지의 사랑이 담겨 있습니다. 그래서 세계인이 그의 영화를 보며 울고 웃으며 감동합니다.

'사랑 받은 사람이 사랑할 줄 안다'는 말이 있습니다. 그가 영화에 사랑을 담을 수 있는 것은 한결같이 그를 응원해준 가족이 있었기 때문입니다. 가족의 사랑이 세계에서 가장 사랑받는 영화감독 스티븐 스필버그를 배출한 것입니다.

|3부|

정의로운 내 아이를 위하여

선악을 기준으로 꾸짖는다

꾸짖음은 부모 자식 간의 문제다

"유태인은 신앙심이 깊으니까 자녀를 꾸짖을 때 하나님이 노하신다는 식으로 말하면서 옳고 그름을 가르치지 않나요?"

우리는 종종 외국인들로부터 이런 질문을 받습니다. 그러나 유태 부모들은 아이를 꾸짖을 때까지 하나님을 들먹이지는 않습니다. 가정교육이란 부모와 자식 간에 이루어지는 일이며, 그것의 기준은 '좋은 것'과 '나쁜 것'만 존재하기 때문입니다.

하나님뿐만 아니라 부모의 체면이나 남의 이목 때문에 아이를 나무라는 일도 없습니다. 나무랄 때는 선과 악 이외의 다른 어떤 것도 끼어들면 안 되기 때문입니다.

아이의 잘못을 꾸짖을 때는 절대적인 판단 기준이 있어야 한다고 생각합니다. 따라서 '하나님이 보고 계신다, 하나님이 이렇게 말씀하셨다'라는 식으로 다른 요소를 개입시켜 부모의 책임을 애매하게 만들지 않습니다.

자녀의 가정교육을 맡고 있는 사람은 부모입니다. 부모는 자녀와 관련된 모든 것에 책임을 져야 합니다. 꾸지람은 그 책임을 다하기 위한 하나의 수단인 것입니다.

초인적인 덕이 아니라 현실적인 덕을 추구한다

유태계 작가 해리 케멜먼이 쓴 《랍비 시리즈》는 미국에서 베스트셀러가 된 추리소설입니다. 이 시리즈 가운데 하나인 〈화요일에 랍비는 격노했다〉에 다음과 같은 구절이 습니다.

> 유태인의 종교는 날마다 의식적으로 선과 정의를 실현하는 것이다. 우리가 추구하는 것은 인간적인 덕이지 초인적인 성인의 덕은 아니다.

이는 소설 주인공인 데이비드 스몰이란 랍비가 한 말입니다.

여기에 나오는 '선'과 '정의'는 사람들이 날마다 실천해야 하는 것이자 인간으로서 살아가는 데 꼭 필요한 조건입니다. 굳이 하나님

을 내세우지 않더라도 우리는 현실세계에서 선을 실천하며 착실하게 살아가고자 노력해야 하는 것입니다. 따라서 아이를 꾸짖을 때도 '선'과 '정의'를 밝혀주는 것이 우선시 되어야 합니다.

≪탈무드≫를 보면, 대홍수 때 '선'이 노아의 방주에 함께 타려고 하자 '무엇이든 한 쌍을 이루는 것이 아니면 태울 수 없다'라는 이유로 거절당합니다. 그래서 한 쌍을 이룰만한 상대를 찾던 '선'은 '악'과 함께 배에 올랐다는 이야기가 나옵니다.

이처럼 '선'과 '악'은 동전의 앞뒤처럼 언제나 붙어다닙니다. 우리는 무슨 일을 하든지 먼저 그 일이 둘 중 어느 쪽인가를 판단하여 아이들에게 전하려고 노력합니다. 그렇게 함으로써 아이들에게 올바른 가치 기준을 마련해주는 것이지요.

결국 꾸지람은 선이냐 악이냐를 하나의 기준으로 놓고, 자녀들을 일깨워주는 과정임을 잊어서는 안 되겠습니다.

아이를 꾸짖을 때는 선과 악을 기준으로 판단하세요.
그래야 아이들이 올바른 가치 기준을 가질 수 있습니다.

가장 큰 벌은 부모의 침묵이다

침묵이 매보다 효과적일 때가 있다

아이가 잘못을 저질렀을 때 적절한 벌을 주는 것은 매우 중요합니다. 이것은 가정교육의 핵심이라 할 수도 있습니다.

가령 아이가 만져서는 안 될 것을 만졌을 때 "만지지 말라고 했잖아!" 이렇게 말로 타이를 수도 있고, 손등을 찰싹 때려 못 하게 할 수도 있습니다. 즉 아이가 한 짓이 얼마나 잘못된 것인가를 인식시키기 위해서 여러 가지 벌칙이 있을 수 있습니다. 이것을 제대로 하지 못하면 어머니의 주의나 경고는 아이들에게 아무런 효력도 미치지 못할 뿐 아니라 버릇없는 아이로 자라게 만들 수도 있습니다.

어느 부모나 마찬가지겠지만 유태 어머니들도 자녀에 대한 처벌

방법에 적지 않은 고심을 하고 있습니다. 또 엄격하다는 점에서는 결코 뒤지지 않습니다. 그래서 밖에서 돌아와 아무 데나 외투를 벗어 던져 놓기라도 하면 금방 큰 소리로 꾸짖습니다.

그런데 그보다 한층 더 무거운 벌은 바로 '침묵'입니다.

어느 날 세 살밖에 안 된 딸이 제 친구에게 선물 받은 유리잔을 들고 다니기에 제가 말했습니다.

"깨뜨리면 안 되니까 엄마에게 주렴."

그러자 딸아이는 고집을 부렸습니다.

"안 깰 거야."

한참 실랑이를 벌이다가 내가 체념하고 그냥 내버려뒀더니, 아니나 다를까 얼마 뒤 와장창 유리 깨지는 소리와 함께 유리잔은 박살이 나 있었습니다. 저는 화가 나서 딸아이에게 말했습니다.

"그것 봐, 엄마가 뭐랬어. 말 안 듣는 너와는 말도 하기 싫어. 너도 엄마한테 말하지 마."

그러고는 그때부터 30분 동안 침묵했습니다.

부모와 자식 사이의 대화를 끊는다는 것은 자녀에게 가장 큰 벌이라고 생각합니다. 침묵을 지키는 동안만은 아이와의 소통을 모두 중단하고 완전히 무시해버리기 때문입니다. 경우에 따라서는 침묵이 체벌보다 훨씬 더 효과적입니다. 침묵하는 동안 아이는 당황해하면서도 자신의 잘못에 대해 생각하게 되기 때문입니다.

하지만 무턱대고 이 방법을 써서는 안 되겠습니다. 앞서 말한 바와 같이 이미 말로 주의를 주었는데도 이를 지키지 않아 최악의 사태를 초래한 경우, 또는 부모를 모욕하는 말과 행동을 한 경우 등 가정교육의 근본에 문제가 있는 경우에만 사용하는 게 좋습니다.

침묵하는 시간은 부모 스스로도 반성할 기회

침묵의 벌은 부모에게도 꽤 혹독한 벌입니다. 유태인은 세계에서 가장 말 많은 민족이라고 일컬어질 정도로 대화를 중요시합니다. ≪탈무드≫에도 말이나 언어에 관한 내용이 많이 담겨 있습니다. '이스라엘은 누에이다. 유태인은 언제나 입을 움직이고 있다.' 이 구절도 그중 하나입니다. 누에가 뽕잎을 먹느라 항상 입을 움직이듯 기도하거나 이야기하느라 늘 입을 다물지 않는다는 뜻입니다.

이런 이유로 부모는 자녀에게 침묵하면서 가정교육에 충실하지 못했던 자신에게 벌을 줌과 동시에 자녀에 대한 사랑을 확인합니다. 침묵의 효용은 벌을 받는 쪽과 주는 쪽 모두에게 바람직한 심리작용을 일으키는 것이며 이것이 다른 처벌과 다른 점입니다.

부모의 침묵은 아이에게 잘못을 되새기게 하면서
부모 스스로도 잘못된 교육방법을 뉘우치는 계기가 됩니다.

야단칠 때 위협은 금물, 차라리 벌을 주거나 용서한다

부모의 애매한 태도는 자녀의 정신건강을 해친다

유태인은 '건강'을 매우 중요하게 여깁니다. 그것은 몸의 건강과 정신의 건강, 두 가지 모두를 뜻합니다.

우선 몸 건강을 위해 식품을 가려먹고 식사 전에 손을 씻는 것을 종교적 계율로까지 삼고 있다는 것은 이미 언급한 바 있지요.

한편 몸 건강만큼 중요한 것이 마음 건강입니다. 마음 건강이란 온갖 부정적인 마음에 사로잡히지 않도록 하는 것입니다. 요컨대 가정교육면에서 보자면 아이들이 침울하거나 주눅이 들어 부모의 눈치만 살피는 일은 없도록 합니다. 자녀의 마음을 억압하지 않으면서 솔직하고 그늘지지 않은 마음을 가진 아이로 자라게 하려면,

부모 스스로가 명쾌한 태도로 자녀를 대해야 한다고 생각합니다.

유태에 이런 격언이 있습니다. '자녀를 위협해서는 안 된다. 벌을 주든가 용서하든가 어느 하나를 택하라.' 한번 벌을 주려고 생각했다면 도중에 애매한 태도를 취해서는 안 되고, 벌을 주지 않겠다고 결정했다면 모든 것을 잊고 용서하라는 말입니다.

지그문트 프로이트에게는 충실한 일곱 제자가 있었습니다. 그들은 주피터의 머리를 새긴 고대 로마의 반지를 프로이트에게 각각 하나씩 선물로 받고 단결하여 정신분석학계를 지도해 나갔습니다. 그러던 중 제자인 오토 랭크가 프로이트 학파에서 탈퇴하여 스스로 학파를 창립한 일이 생겼습니다. 랭크는 청년시절에 프로이트가 불러들여 정신분석학 훈련을 시켜 온, 프로이트에게는 친자식과 같은 제자였지요. 그런데 프로이트는 랭크의 탈퇴에 대해 "나는 모든 것을 용서했다. 아무도 여기에 대해 거론하지 마라." 이렇게 담담히 말했을 뿐이라고 합니다. 이 이야기는, 스승과 제자라는 특수한 관계이긴 하지만 명쾌한 판단을 내린 훌륭한 예라고 하겠습니다.

만약 부모가 자녀에게 이러한 결단을 보여준다면, 벌을 주거나 용서하는 부모의 분명한 태도 덕분에 아이는 쓸데없는 마음의 부담을 느끼지 않을 것입니다. 반대로 부모가 벌을 주는 것도 용서하는 것도 아닌 애매한 태도를 취한다면 자녀들은 앞으로 일어날 일에 대해서 몹시 불안해 할 것입니다.

협박 역시 아이의 정신건강을 해친다

실제로 많은 어머니들은 야단칠 때의 태도가 분명하지 않습니다. 그것은 아이를 확실하게 꾸짖는 것도 아니고 그렇다고 용서하는 것도 아닌, 일상적인 잔소리일 뿐입니다. 어머니의 잔소리는 물론 좋은 효과도 가지고 있지만 아이의 마음을 오랫동안 짓누른다는 점에서 협박이라고도 볼 수 있습니다.

예를 들어 소중한 물건을 깨뜨린 아이에게 "대체 몇 번이나 말해야 알겠니? 너는 뭐든 함부로 다루잖아. 다음에는 정말 혼날 줄 알아!"라고 말하는 것은 협박에 가깝습니다.

자녀를 협박하는 행위는 아이로 하여금 언제 무슨 날벼락이 떨어질지 모른다는 불안감을 갖게 합니다. 부모가 꾸짖거나 용서하는 식의 명쾌한 결단을 내리지 않았기 때문에 아이는 초조감을 느끼고 안절부절못하게 되는 것입니다. 그것은 심지어 위압감까지 유발하므로 결과적으로 아이의 정신건강을 해롭게 만듭니다.

따라서 부모의 분명한 태도는 아이를 솔직하고 진솔한, 마음이 건강한 아이로 자라게 한다는 것을 늘 염두에 두어야겠습니다.

잘못을 저질렀을 때는 벌을 주거나 깨끗이 용서하세요.
일을 명쾌하게 마무리지어주는 것이 아이의 정서에 좋습니다.

정해진 일을 시간 내에
마치는 습관을 익히게 한다

시간의 소중함을 습관적으로 익히게 한다

유태인 가정의 아이들은 저녁에 아버지가 귀가하기 전까지 목욕하고 옷을 갈아입은 다음 기다립니다. 그래야만 아버지가 돌아오자마자 샤워를 하고 온 식구가 저녁식탁에 둘러앉을 수 있기 때문입니다. 저녁때 가족만의 시간을 얼마나 잘 보내고 있는가를 보여주는 좋은 예입니다.

또 안식일이 금요일 일몰부터 시작되기 때문에 학교에 다니는 아이들은 서둘러 집으로 돌아와서 숙제를 마친 다음, 목욕을 하고 가장 좋은 옷으로 갈아입습니다. 이 모든 일은 일몰과 함께 어머니가 촛불을 켜놓을 때까지는 마쳐야 한다고 정해져 있습니다.

이와 같이 유태 아이들은 날마다 시간과 승부를 겨루고 있다 해도 결코 과언이 아닙니다. 모든 일에는 정해진 시간이 있어 그 시간 내에 해내야 하며, 또 그렇게 하도록 훈련받고 있는 것입니다. 그 덕분에 아이들은 자신이 해야 할 일을 한정된 시간 내에 해내는 습관을 자연스레 익히게 됩니다.

유태교의 축제도 아이들이 시간의 중요성을 절실하게 깨닫도록 짜여 있습니다. 예를 들면 봄의 큰 축제인 '유월절(Passover)'에는 납작한 과자가 주식이며 빵은 먹을 수가 없습니다. 샌드위치를 좋아하는 내 딸이나 아들에게는 이때처럼 괴로운 날도 없지만, 이 축제가 계속되는 7일 동안은 참고 견뎌야 하므로 시간의 소중함을 몸으로 겪으면서 이해하게 됩니다.

유태인은 그리스도교나 불교처럼 영생이나 윤회를 믿지 않습니다. 다시 한 번 태어난다는 것은 아예 믿지 않으므로 이 짧은 생애를 어떻게 하면 가치 있게 살 것인가를 고민합니다. 따라서 유태인에게 시간은 삶의 모든 것이라 해도 결코 지나치지 않습니다.

시간관리법을 가르치는 것은 공부의 기초를 닦는 것

유태인 소년은 열세 살에 성인식을 치르는데 그때의 선물은 보통 손목시계입니다. 손목시계를 선물하는 것은 시간을 소중히 여기는 사람으로 자라도록 가르치고 또한 다짐을 받는다는 뜻이 담겨 있습니다.

'내일은 내일의 바람이 분다'는 사고방식이 유태인에게는 통하지 않습니다. 어떻게 하면 오늘의 일을 오늘이라는 시간 내에 마칠 수 있을까, 계획하는 습관이 몸에 배어 있기 때문입니다. 그리하여 시간 내에 일을 해내면 쾌감을 느끼기도 합니다.

한국 어머니들은 아이가 공부를 하지 않아 걱정이라는 말을 자주 합니다. 그런데 그 이유가 혹시 아이와 부모 모두 시간을 관리하는 습관이 없기 때문은 아닐까 생각해본 적이 있습니다.

대부분의 아이들은 몇 번씩 계획표를 세우고 또 실패하는 과정에서 싫증을 느낍니다. 처음부터 무리한 계획을 세우지 않았더라면 짧은 시간에 능률적으로 공부하는 법을 배울 수 있었을 것입니다. 물론 거기에는 오랜 시간 책상 앞에만 붙어 있도록 만드는 어머니의 책임도 있지만 말입니다.

시간을 효과적으로 이용하는 법을 가르치려면 아이가 학교에 들어간 뒤에는 이미 늦습니다. 어릴 때부터 부모가 생활의 리듬을 마련해주어야 합니다.

예를 들면 식사는 30분 이내에 마쳐야 하며 정해진 시간이 지난 뒤에도 꾸물대며 먹고 있다면 모두 치워버립니다. 이때는 불평도 용납되지 않습니다. 그러면 아이들은 30분이라는 시간의 소중함을 알고 그 시간 안에 식사하는 습관을 익히게 됩니다.

또 우리 집에서는 아침에 텔레비전을 보지 않습니다. 아이들은 짧은 아침 시간에 세수, 식사, 옷 입기 등 많은 일을 해야 합니다. 텔레비전을 볼 시간이 있을 리 없습니다. 텔레비전에 주의를 빼앗기면 아이들은 더 중요한 일을 소홀히 하게 마련입니다. 애초에 그런 가능성을 차단하는 것입니다.

이처럼 어릴 때부터 시간관리법을 철저하게 익힌 아이는 공부하는 시간도 효율적으로 관리하므로 성적이 좋을 수밖에 없습니다.

시간을 효과적으로 쓰는 습관은 아주 어릴 때부터 만들어주세요.
그것이 아이의 미래에 중요한 기초가 됩니다.

식사시간에는 텔레비전을 끈다

식당에는 텔레비전을 두지 않는다

저는 얼마 전 어느 가정의 만찬에 초대받아서 색다른 경험을 했습니다. 식탁에 앉아 식사를 막 시작했을 때, 초등학교 4학년인 그 집 장남이 말없이 일어서더니 식당 구석 자리에 놓인 텔레비전을 켜는 것이었습니다. 텔레비전은 우리 모두가 볼 수 있는 위치에 놓여 있었습니다.

그때 저는 무척 놀랐습니다. 우리집에서는 식사를 하면서 텔레비전을 보지 않기 때문입니다. 그런데 더욱 놀라운 것은 텔레비전 드라마에서도 가족이 모여 식사하면서 텔레비전을 보는 장면이 나왔다는 것입니다. 그렇다면 같은 시각, 전국 각지의 가정에서도 이와 똑같은 광경이 벌어지고 있는 게 아닐까, 하는 생각이 들었습니다.

실제로 많은 가정이 텔레비전을 보면서 식사를 한다고 합니다. 오늘날의 가정은 텔레비전을 통해서만이 가족이 하나가 된다고 역설적으로 말하는 사람까지 있을 정도이니 오죽하겠습니까.

텔레비전이 가족을 하나로 묶어주지는 않는다

텔레비전은 오락수단이기는 하지만 가족을 결속시킬 수 있는 것은 아닙니다. 또 앞서 말한 바와 같이 유태인에게 식사시간은 경건한 자리입니다. 그래서 유태인 가정에서는 절대 식당에 텔레비전을 들여놓지 않습니다.

유태인 가정에서 식당에 텔레비전을 들여놓지 않는 또 하나의 이유는, 텔레비전 프로그램은 여러 가지가 있어서 한 프로그램에 온 가족이 똑같은 흥미를 느낄 수 없다는 것입니다. 아이들에게는 아이들을 위한 프로그램이 있고, 어른들에게는 어른들에게 맞는 프로그램이 있습니다. 그렇기 때문에 만약 가족이 텔레비전 프로그램만을 화제로 삼는다면, 그것은 진정한 의미의 '대화'가 될 수 없습니다.

한국에서도 다른 선진국과 마찬가지로 부모와 자식 사이가 멀어지고 있다고 들었습니다. 식탁에 텔레비전이 있는 것도 하나의 원인

이 아닐까 생각합니다.

　식사시간은 가족이 마주앉아 결속을 확인하는 시간입니다. 낮동안 직장, 학교, 가정 등 각기 다른 곳에서 활동하고 있던 가족들이 한자리에 모이는 시간인 것입니다. 또한 아이들에게 즐겁고 유익한 시간이다. 가족들의 다양한 경험을 들을 수 있기 때문입니다. 그런데도 대부분 가정에서 이 소중한 시간에 텔레비전이나 신문을 봄으로써 대화의 기회를 잃고 가족의 유대관계를 흐리게 하고 있다는 생각에 안타까울 따름입니다.

식사시간만이라도 가족이 대화하는 분위기를 만드세요.
텔레비전은 결코 가족을 하나로 연결해주지 못합니다.

아이가 어릴 때는 외식에 데려가지 않는다

어린아이는 가급적 외식에 데려가지 않는다

　부모와 자녀가 화기애애하게, 더욱이 집에서 먹는 것과는 전혀 다른 분위기에서 식사를 한다는 것은 즐거운 일입니다.

　하지만 유태인들은 어린 자녀는 되도록 외식 자리에 데려가지 않는 것을 상식으로 여깁니다. 밖에서 식사를 한다는 즐거움을 아직 이해하지 못하기 때문에 외식 자체가 아이에게는 큰 의미가 없다고 생각하는 것입니다. 또 아이가 음식점에서 식사를 하게 되면 주위야 어떻게 되든 악을 쓰며 울거나 떠들고 다니면 다른 손님들에게 방해가 됩니다. 음식을 흘려 주변을 어지럽히니 가게에서도 환영받지 못합니다.

외식은 대개 어른이 중심이 된다

유태인들이 어린아이를 외식에 데려가지 않는 이유는 남에게 방해가 되기 때문만은 아닙니다. 밖에서 식사를 한다는 것은 다음에 이야기하는 바와 같이 어른들 세계의 일이기 때문입니다.

밖에서 식사를 하는 경우를 생각해보면 대개 생일 등의 특별한 날이 많습니다. 또 집에서는 잘 먹어볼 수 없는 것을 찾아서 가는 경우도 있고, 단순히 기분전환을 위한 경우도 있습니다. 어떤 경우든 어른들에게는 그 나름대로의 의미가 있는 시간인 것입니다.

하지만 아이에게는 그렇지 않다. 아이는 그저 평소와 다른 환경에서 식사를 한다는 사실에만 흥미를 보일 뿐 그 이상의 기쁨이나 행복감은 거의 없습니다. 오히려 어른에게는 즐거운 그 시간이, 아이에게는 고통스러운 시간이 될 수 있습니다. 이거 하지 마라, 저거 하지 마라, 라는 식으로 제재를 받을 수밖에 없기 때문입니다.

따라서 외식은 어른들만의 시간으로 만드는 것이 현명합니다. 물론, 아이들에게는 미안한 마음이 들겠지만 밖에서 식사를 할 때 지켜야 할 예의와 그 시간의 의미를 정확하게 이해할 수 있을 때까지 함께하는 외식을 미루도록 합니다. 이것은 아이와 어른 모두를 위하는 길입니다.

요약하자면, 식당에서 아이가 남에게 피해를 줄 수 있다는 것은 아이와 함께 외식했을 때 생길 수 있는 일일 뿐이지, 아이를 외식에 데리고 가지 말아야 하는 이유는 아닌 것입니다.

　철저한 개인주의인 유태인은 남을 의식해서 자신의 행동을 제약하는 일은 하지 않습니다. 다만 자신에게 먼저 충실한 쪽으로 생각하고 행동하는 것이 결과적으로 다른 사람과의 협조로 연결되는 것이라고 여깁니다. 흔히 다른 사람과의 협조가 곧 자기희생이라고 생각할 수 있지만 이것도 유태인의 입장에서는 매우 비합리적인 것으로 보일 뿐입니다.

　≪탈무드≫에 이런 구절이 있습니다. '날마다, 오늘이 당신의 마지막 날이라고 생각하라.' 하루하루, 순간순간을 완벽하게 사는 것이 내세를 믿지 않는 유태인의 생활방식이라는 게 여기서도 드러납니다. 그러니 식당에서의 식사 또한 귀중한 삶의 순간이므로 여러모로 충실을 기하고자 합니다. 외식에 어린아이를 동반하는 것은, 조금 과장한다면 유태인의 생활방식에 어긋나는 셈입니다.

외식은 아이들이 그 의미와 즐거움을 알 수 있을 때부터
함께 하도록 합니다.

첫돌이 될 때까지는
식탁에 함께 앉히지 않는다

식탁에서 가족의 집단의식을 느낄 수 있다

앞서도 말한 바와 같이 아이들이 단순히 가족의 구성원으로서가 아니라 가족들과 교류하는 일원으로서 참여하는 최초의 자리는 식탁입니다. 그것은 식탁을 둘러싸고 가족이 얼굴을 마주할 때 어른은 물론 설사 말을 못하는 아이까지도 무의식중에 '가정'이라는 하나의 집단의식을 느끼기 때문입니다. 물론 그것을 받아들이는 것은 자녀의 나이에 따라 상당한 차이가 있습니다.

전혀 말을 못하는 아이와 그럭저럭 의사소통을 할 수 있는 아이는 같은 식탁에 앉아도 분위기를 인식하는 차이는 아주 다릅니다. 따라서 식탁이 아무리 가족 교류를 위해 중요한 자리라 하더라도 아이가 만 한 살이 되기 전에는 동석시킬 필요가 없습니다. 유아의 경우 때로는 참석자가 아닌 침입자가 되기 때문입니다. 유아들은 식탁에서의 예의범절을 모르며 몸을 자유롭게 움직이지 못하기 때문에 즐거워야 할 식탁을 엉망으로 만들기도 합니다.

그래서 유태 부모들은 그 경계를 만 한 살이 되는 생일로 정하고 있습니다. 아이는 그때부터 부모와 함께 식사를 할 수 있게 되는데, 부모의 식사법을 따라 할 수 있는 나이를 최소한 그때쯤으로 보는 것입니다.

그러나 얼마 동안은 식탁의 침입자 행세를 하게 될 것입니다. 어떤 아이든 부모를 따라 하면서 식사 예절을 배워가므로 그저 눈을 딱 감고 아이의 성장을 위해서 협력하는 길밖에 없습니다.

인간다운 식사법을 가르치는 시기도 만 1세로 본다

인간은 모든 일에서 동물과 다르게 행동해야 한다는 게 유태인의 생각입니다. 심지어 동물과 인간의 공통적인 행위인 성관계와 먹는 일에서도 마찬가지입니다. 우리는 동물처럼 음식에 입을 대거나 손을 대면 인간으로서의 가치를 상실한다는 생각을 갖고 있습니다. 그래서 가능한 한 빠른 시기에 포크나 나이프 또는 수저와 같은 도구를 사용하여 먹을 수 있도록 합니다. 그것이 인간답게 먹기 위한 첫걸음, 곧 동물에서 벗어나는 첫걸음이기 때문입니다.

그런 의미에서 아이가 부모와 식사를 같이 하는 것은 우선 동물적인 단계에서 벗어나는 훈련이라고 해도 좋습니다. 시간이 지나면 가족의 유대감도 형성될 것입니다. 이미 말했다시피 유태인은, 식탁을 인간 형성의 수련장으로서 중요시하고 있으니까 말입니다.

식탁은 인간다움이 무엇인지를 배우는 신성한 자리입니다.
따라서 만 한 살이 되어 부모와 식탁예절을 따라 할 수 있기 전까지는 함께 하지 않는 게 좋습니다.

44 편식하지 않도록 가르친다

유태의 식탁에서 편식은 있을 수 없다

앞서도 언급한 바와 같이 유럽인들이 '유태인 어머니'라는 말에서 가장 먼저 연상하는 것은 '교육에 적극적인 어머니'입니다. 그리고 다음이 '많이 먹이는 어머니'입니다.

사실 유태 어머니들은 자녀에게 고집스러울 정도로 많이 먹기를 권합니다. 흔히 "치즈에는 단백질이 많으니까", "시금치에는 철분이 많으니까"라는 식의 영양학적인 이유를 들어 아이들이 싫어하는데도 먹이려는 경우가 많습니다. 물론 많이 먹으라며 권할 때는 이처럼 과학적인 이유를 들어 구체적으로 설명하지 않아도 됩니다. 영양학적인 설명을 한다 해도 아이가 이해할 수 있는 것도 아니기 때문입니다.

유태 어머니들은 결코 아이들이 편식을 하도록 내버려두지 않습니다. 이렇게 말하는 것이 너무나 소박하게 들릴지는 몰라도 아이들에게, 특히 유아에게는 성장이 가장 중요하며, 더욱이 모든 식품은 성장 에너지가 되므로 자녀가 자라 어떤 삶을 택하든 어떤 직업을 갖든 남에게 뒤지지 않는 '바탕'을 만들어주는 것이 부모의 의무라 믿고 있기 때문입니다.

편식은 아이들의 성장을 저해합니다. 또 편식을 방치한다는 것은 부모로서의 책임을 포기하는 것과 같습니다. 따라서 유태 어머니들이 귀찮을 정도로 "많이 먹어라"라고 되풀이하는 것은 부모로서의 책임을 다하기 위함이기도 합니다.

아무리 말을 해도 아이들이 밥을 먹지 않을 때는 이렇게 말하기도 합니다.

"이 식당에는 이 음식밖에 없으니, 먹기 싫으면 다른 곳을 찾아가렴."

어쨌든 부모가 끈기 있게 "먹어라"라고 말하면 아이들은 대체로 먹게 됩니다. 아울러 편식을 하는 폐단은 일어나지 않습니다. 다만 앞에서 말한 바와 같이 초콜릿이나 과자 등 자극성이 강한 것은 아이들의 체질에 나쁜 영향을 줄 수 있으므로 결코 먹이지 않습니다.

가족과 함께하는 식사는 가족을 하나로 묶는다

아이가 학교에 들어갈 나이가 되면 판단 능력이 생겨 음식이 맛있느니 맛없느니 하며 음식 투정을 합니다. 앞서 언급했듯이 식사는 동물처럼 그저 먹기만 하면 되는 것이 아닙니다. 가족이 모여 결속을 다지고 하나님에게 감사하는 시간이 되어야 합니다. 따라서 식사가 단순히 성장을 돕는 것만이 아니라는 것을 아이들에게 분명히 알려 줄 필요가 있습니다.

자신의 식성을 고집하여 가족과 다른 것을 먹으려고 하는 것은 가족 간의 일체감을 해치는 일입니다. 이와 같은 위험이 있기 때문에 아이의 편식을 인정하지 않는다고 해도 될 것입니다.

부모가 고기를 먹고 있는데 아이가 옆에서 생선을 먹는 것은 가족이 제각기 생활하는 것을 장려하는 것과 마찬가지입니다. 저는 그와 같은 장면을 생각만 해도 등골이 오싹해지는 듯합니다.

유태 가정에서는 가족과 함께하는 식사가 가족의 마음을 결속시키는 가장 귀한 역할을 하므로, 식사 자체를 중요시하게끔 유도하고 있습니다. 그러므로 아이가 식사의 의의를 알 수 있는 나이가 되면 음식 투정을 하게 해서는 안 됩니다.

편식은 아이의 건강을 해칠 뿐 아니라 가족의 일체감까지 떨어뜨립니다. 편식하지 않는 건강한 아이로 자라게 해주세요.

몸을 깨끗이 하는 것의 중요성과 의미를 가르친다

몸이 깨끗하면 마음도 깨끗해진다

유태인이 가장 먼저 하는 가정교육은 식사하기 전에 손 씻는 습관을 갖게 하는 것입니다. 특히 유태인에게는 손 씻는 행위가 하나님과 접촉하는 신성한 행위라고 생각하기 때문에 절대 잊어서는 안 되는 일입니다.

비단 손만이 아니라 자신의 몸을 깨끗이 하고 단정한 차림으로 사람들을 대하는 것은 우리가 사회생활을 영위하는 이상, 하나의 의무라고 생각합니다. 이와 같은 생각은 동서양을 막론하고 같겠지만 유태의 가정에서는 또 하나의 중요한 의미를 갖습니다. 우리는 손을 씻고 식탁에 앉아 식사를 시작할 때까지 절대로 말을 해서는 안 된다고 아이들에게 가르칩니다. 이는 하나님께 감사하는 마음 자세를 갖추기 위함입니다.

손을 씻는 일은 비단 식사 때뿐만이 아닙니다. 교회에 가서도 문 앞에 물을 담아 놓은 그릇이 있어 손을 씻고 들어가야 합니다. 손을 씻으면서 마음을 경건히 하는 것입니다.

지금으로부터 2천여 년 전, 이스라엘에 히렐이라는 랍비가 있었습니다. 그는 수많은 랍비 중에서도 손꼽히는 위대한 인물이었으며, 그의 말은 후세까지 구전되었습니다. 그리스도의 말은 알고 보면 히렐의 말을 인용한 것에 불과하다는 주장이 있을 정도입니다.

이처럼 위대한 히렐이 어느 날 거리를 서둘러 걸어가고 있었습니다. 그 모습을 본 제자가 이유를 묻자 그가 대답했습니다.

"좋은 일을 하고 싶어서 서두르고 있는 걸세."

그래서 제자도 그의 뒤를 쫓아갔더니 공중목욕탕으로 들어가 목욕을 하는 것이었습니다. 제자가 의아해하자 히렐은 이렇게 말했습니다.

"자신의 몸을 깨끗이 하는 것이 좋은 일이 아니고 무엇이겠나."

저는 간혹 아이들에게 이 이야기를 들려주는데 그때는 반드시 이렇게 덧붙입니다.

"방이나 교회를 청소하는 것은 당연한 일이지만, 그보다 먼저 너

희 몸을 깨끗이 씻으렴. 착한 일은 거기서부터 시작된단다."

청결은 과학적으로나 종교적으로도 의미가 있다

유태인이 깨끗한 것을 좋아하는 것은 오랜 옛날부터의 전통입니다. 다음과 같은 일화도 있습니다.

중세 유럽에서 페스트가 유행하여 인구 중 3분의 1이 죽은 일이 있었습니다. 그때 페스트는 유태인이 퍼뜨린 것이라는 소문이 나돌기 시작했는데, 유태인만 페스트에 걸리지 않았기 때문입니다.

이유는 간단하다. 당시 그리스도교도들은 목욕하는 습관이 없었습니다. 그들은 목욕을 거의 하지 않았으며, 자연히 비누도 거의 사용하지 않았습니다. '그리스도교도의 돈을 숨기려거든 비누 밑에 두어라'라는 농담이 있을 정도였습니다. 그러나 유태인들은 목욕하는 습관이 있었으며 식사 전에 손을 씻고, 화장실에서 나올 때도 반드시 손을 씻는 것이 종교상의 규칙처럼 지켜져 왔습니다. 그 덕분에 유태인만 페스트에 전염되지 않았던 것입니다. 이것은 유태인의 생활에서 청결이 차지하는 비중이 얼마나 큰 것인가를 입증하는 일화이기도 합니다.

유태인은 신앙심이 두터운 민족이면서 한편으로는 매우 현실적인 생활태도를 고수해온 민족입니다. 몸을 깨끗이 하는 것이 하나님과 직결된다는 신앙은, 동시에 건강이나 위생이라는 과학적 이유까지 뒷받침하고 있습니다. 건강에 관한 생활의 지혜가 고대 유태인들에 의해 신앙으로까지 승화되었고, 현재까지 생활에 그 습관이 젖어 들어 있는 것입니다.

이와 같이 유태인들은 청결의 필요성을 아이들에게 가르치는 경우에도 손을 씻고 몸을 씻는 것이 질병을 막고 외모를 아름답게 하여 남에게 불쾌감을 주지 않았다는 것에 그치는 것이 아니라, 신앙과의 연결성을 설명하여 아이들의 마음속에 그 습관이 깊이 뿌리를 내리도록 유도하고 있습니다. 그리고 무엇보다 중요한 것은 이 습관을 통해 아이들이 무슨 일을 하든 단정하고 경건한 태도로 대하는 마음가짐을 기를 수 있다는 것입니다.

몸을 깨끗하게 하는 것은 건강을 위하는 길이자
자신의 마음을 깨끗이 닦는 길임을 가르쳐주세요.

저축하는 습관을 위해
용돈을 준다

돈 쓰는 것보다 저축을 먼저 가르친다

유태 어린이들 중에는 용돈을 받는 아이도 있지만 받지 않는 아이도 있습니다. 유태인은 아이들에게 반드시 용돈을 줄 필요는 없다고 생각하기 때문입니다. 아이들에게 필요한 것은 부모가 직접 사서 주거나 어쩔 수 없는 경우에는 필요한 액수만큼 정확히 돈으로 줍니다. 물론 고등학교에 다니게 되면 상황이 달라지겠지만 적어도 초등학생 아이에게는 용돈이 반드시 필요한 것은 아닙니다.

만약 아이에게 용돈을 준다면 돈을 쓰게 하기보다는 오히려 저축하는 습관을 기르도록 유도해야 합니다. 내 친구는 아들이 여덟 살 때 처음으로 용돈을 주면서 "필요할 때까지 가지고 있도록 해라'라고 말했더니, 아이는 곧장 은행으로 가서 자신의 계좌를 만들었다고 합니다. 은행원이 "이자가 붙으니까 돈이 계속 늘어날 거야"라고 하자 불안해했다고 하는데, 이자의 개념을 모르고 있던 아이에게는 당연히 어리둥절했을 것입니다. 어쨌든 친구의 아들은 그 뒤 얼마 동안 매주 한 번씩 은행으로 가서 자신의 소중한 돈이 무사한지 확인했다고 합니다.

유태의 아이들은 돈으로 물건을 사는 습관이 없습니다. 용돈은 저축하는 것으로 생각하는 게 일반적이며, 부모가 개입하지 않는 아이들끼리의 만남에서만 돈을 쓰게 합니다. 친구들이 놀러 와서 아이스크림을 사먹자는 제의를 해도 일일이 어머니에게 "아이스크림을 사 먹으려는데 용돈을 써도 되나요?"라고 물은 다음, 허락을 받고 나서야 사용하는 아이들이 많은 편입니다.

제 경우도 다르지 않습니다. 나는 아이들에게 용돈을 주지 않고, 필요한 것을 이야기할 때만 돈을 줍니다. 그리고 물건을 사고 남은 돈은 반드시 저금하게 하여, 가족의 생일이나 기념일 등의 선물을 살 때 쓰도록 합니다.

돈을 쓸 때는 마음이 따라야 한다

유태에 이런 격언이 있습니다.

'돈을 버는 것은 비교적 쉽다. 정작 어려운 것은 어떻게 쓰느냐이다.'

돈이란 인간적인 따스함과 가장 거리가 먼 싸늘한 것이라고 생각하기 쉬우나 사실은 어떻게 쓰느냐에 따라 따뜻하게도, 싸늘하게도 변할 수 있다는 말입니다.

그래서 저는 아이들에게, 돈을 쓸 때는 늘 마음이 따라야 한다고 가르칩니다. 가족에게 선물을 하는 것은 애정의 표현이고, 친구들과 아이스크림을 사먹는 것은 우정의 표현이라고 말입니다. 유태 어린이들이 작은 저금통을 선물로 받아서 자선용으로 저금을 하는 것과 용돈을 모으는 것도 같은 마음이라고 할 수 있습니다.

유태인이 돈을 쓰는 데 신경을 쓰는 것은 흔히 말하는 것처럼 구두쇠이기 때문이 아닙니다. 돈의 소중함과 두려움을 뼈저리게 알고 있기 때문입니다. 그래서 아이들 역시 '저축한다'는 행위에서 돈을 신중하게 사용하는 법을 배우고 있는 것입니다.

자녀에게 용돈을 준다면 돈을 쓰게 하기보다
저축하는 습관부터 길러주세요.

겉모습이 아무리 화려해도
충실한 내면을 따르지 못한다

외면을 지나치게 꾸미는 것은 내면을 기만하는 것

유태인은 일반적으로 겉치레가 매우 서툰 편입니다. 아니 그보다는 필요성을 못 느끼거나 아예 싫어한다고 하는 편이 맞겠습니다.

'항아리를 보지 말고, 항아리 안에 든 것을 보라.'

이 유태 격언은 그와 같은 유태인의 정신을 명확히 표현하고 있습니다. 중요한 것은 내면이며, 겉모습을 지나치게 치장하는 것은 내면을 감추려는 행위라고 생각합니다.

이와 같은 사고방식과 삶의 자세는 인간에 대해서 뿐만 아니라 사물에 대해서도 마찬가지입니다. 그래서 물건을 고를 때도 겉만 번지르르하고 소비자를 속이는 상품은 아닌지 꼼꼼하게 살펴보라고 아이들에게 가르칩니다.

　사람은 겉모습을 치장하는 데 급급하면 아무래도 내면을 충실히 하는 데 소홀해집니다. 내면이 알차지 못한 사람일수록 겉모습을 치장하여 자신의 내면 또한 알찬 듯이 보이려고 하지 않을까요.

내면의 충실을 기하도록 가르친다

　뉴욕의 유태계 갑부 중 한 사람인 필립 J. 구다스 부인이 처세훈으로 삼고 있는 말은 이렇습니다.

　'은은 무거워야 한다. 그러나 무거운 듯이 보여서는 안 된다.'

　"옷은 최고의 질, 최고의 재단이어야 하지만 지나치게 선명한 색이나 유행을 좇는 천박한 것이어서는 절대로 안 된다. 밍크코트는 아무리 부자라 하더라도 40세 이하의 여성은 입지 마라. 벽에는 좋은 그림을 걸어 놓아야 하지만 손님의 눈에 잘 뜨이는 곳은 피한다. 어린 여자아이는 둥근 모자에 흰 장갑을 끼는 것이 좋다."

　이런 것들이 '무거워 보이지 않는 방법'입니다. 자신을 지나치게 장식하거나 과시하지 않으니 남에게 필요 이상의 반감을 사는 일도 없고 좋은 것을 적당히 활용할 수 있어서 더 좋은 것입니다.

　런던의 로스차일드 가문을 금융 제국으로 키운 나탄 로스차일드는 당시 신사들 사이에 유행했던 소매 장식 등의 허식을 극도로 싫어했고, 실력만이 모든 것을 보여준다고 믿고 있었다 합니다.

유태인들은 이처럼 내면을 충실히 채우는 데 힘을 쏟습니다. 은이 참된 무게를 자랑하듯이 말이지요.

간혹 어떤 이들의 명함을 받으면 직함이 잔뜩 나열되어 있는 것을 볼 수 있습니다. 하지만 유태인은 그런 직함들을 빼더라도 남에게 인정받을 수 있는 힘을 기르는 것이 더 중요하다고 생각합니다. 유태인이 자녀에게 소박하고 단정히 차려 입고, 눈에 띄는 행동은 삼가도록 가르치는 것도 바로 그런 이유 때문입니다.

겉모습이 화려한 사람보다는
내면이 충실한 사람이 진정으로 아름다운 사람임을 알게 해주세요.

어릴 때 소유개념을 심어준다

가정에서부터 소유의 구별을 가르친다

자녀에게 '소유권'을 가르치는 것은 중요합니다. '소유권'이라고 하면 거창하게 들리겠지만 집안에서부터 무엇이 누구의 것인가를 아이에게 분명히 인식시켜서 남의 물건이든 식구들의 물건이든 함부로 손을 대지 못하도록 가르쳐야 한다고 생각합니다.

사물의 소유에는 세 가지 범주가 있습니다. 즉 '내 것', '네 것', '우리 것'입니다.

저는 제 책상 위에 놓여있는 책이나 노트를 아이들이 만지면 다음과 같이 분명히 말합니다.

"이건 엄마의 것이니 너희는 만지지 마라."

또 남매간이라도 남동생의 공을 누나가 빌리려고 할 때는 "빌려 줄래?"라고 동생에게 묻고 나서 빌려 쓰도록 가르칩니다. 평소에 주의를 주었는데도 공을 던져 유리창을 깨뜨려 버린 경우에는 이렇게 훈계합니다.

"이건 네 것이 아니라 우리의 것이니 조심하라고 늘 말해 왔잖니. 이젠 알겠지? 앞으로는 주의해라."

왜 가정에서까지 소유권을 분명히 해야 하는가, 의아해하는 사람도 있을지 모르겠습니다. 그런데 어릴 때부터 가족 사이의 '소유권'을 분명하게 인식시켜 놓으면 장차 가정을 벗어났을 때 남의 소유와 공공사물을 대하는 법도 스스로 깨우치게 됩니다. 집안의 가구를 가족 전체의 소유로 알고 소중히 하는 습관을 가진 아이라면 도로에 침을 뱉거나 동물원의 동물에게 장난을 하지는 않을 것입니다.

'어린아이니까 괜찮다'는 태도는 버린다

소유권에 대한 명확한 구분은 '공중도덕'이라는 거창한 이름으로 다루기 전에 가정에서 아이가 자연스럽게 이해하도록 해야 한다고 생각합니다.

물론 2, 3세까지는 앞에서 말한 세 가지 범주를 아이에게 이해시키기가 어려울 것입니다. 제 딸아이도 그 나이 때까지는 식물의 잎을 따서 소꿉놀이를 하며 놀았습니다. 그러나 이런 연령대의 아이라고 해서 마음대로 행동하게 내버려두어서는 안 됩니다. 그때 저는 현장에서 그 식물의 화분을 들어 딸아이의 손이 닿지 않는 곳에 놓고는 이렇게 말했습니다.

"이것은 우리 모두의 것이야. 그러니 함부로 다루어서는 안 돼."

비록 어린아이지만 '내 것', '네 것', '우리 것'의 개념을 이해시키려고 노력한 것입니다.

유태 어머니들은 절대 '아이라서 어쩔 수 없다'라는 태도를 취하지 않습니다. 정말로 아이의 '인격'이나 '인권'을 존중한다면, 아이들만 특별히 다루는 방법이 존재할 수 없다고 생각하기 때문입니다.

소유권을 분명히 가르치면 나의 것과 남의 것,
더 나아가 사회 전체의 것을 소중히 여길 줄 아는 아이로 자랍니다.

노인을 섬길 줄 아는 아이로 키운다

노인은 전통의 메신저이다

유태에 이런 격언이 있습니다.

'늙은이는 자신이 두 번 다시 젊어질 수 없다는 것을 알고 있지만, 젊은이는 자신이 늙는다는 사실을 잊고 있다.'

이처럼 인생을 아는 늙은이와 인생을 모르는 젊은이 사이에 세대차이가 생기는 것은 어쩔 수 없는 일입니다. 그러나 이보다 더 중요한 문제가 있습니다. 그것은 가족이 부모와 아이들, 두 세대로 이루어진 가족으로 변해 가는 문명사회에서 노인들이 푸대접을 받음으로써 문화의 전통을 잃어버린다는 사실입니다.

유태인에게 전통은 공기와 물처럼 소중한 것입니다. ≪구약성서≫

의 가르침이 지금까지도 충실히 지켜지고 있는 것만 봐도 알 수 있습니다.

유태 노인들은 전통의 메신저이므로 절대 푸대접을 받는 일이 없습니다. 오랜 경험과 지혜를 후세에 전하고 깨우치도록 언제나 신경을 쓰고 있기 때문입니다. 또 젊은 사람들은 노인의 말에 귀를 기울이면서 유태 5천 년의 역사를 배우고, 삶의 방법을 터득하려고 노력합니다.

히브리어에는 높임말이 없지만, 노인에 대해서는 단정한 태도로 말하는 것을 존경의 표현으로 간주합니다. 그러므로 노인에게 난폭한 말을 하는 사람은 유태의 전통을 무시하는 사람으로 간주되어 멸시를 받게 됩니다.

노인의 '육체'가 아니라 '정'에 시선을 돌리도록 한다

≪구약성서≫에도 노인을 공경하는 것에 대한 기록이 있습니다.

백발이 성성한 어른이 들어오면 일어서고, 나이 든 어른을 보면 그를 공경하여라. 너희의 하나님을 두려워하여라. 나는 주다.
_레위기 19장 32절

수명이 늘고 노인 인구가 늘면서 노인문제가 갈수록 심각하게 대두되고 있는 것 같습니다. 자녀들에게 버림을 받고 혼자 쓸쓸하게 죽었는데, 시신이 한 달 만에 발견되었다는 기사를 본 적도 있습니다. 이와 같은 사회문제는 노인을 문화의 메신저로 인식조차 하지 않는 사고방식이 원인인 듯합니다.

　대체로 노인문제가 대두되면 젊은이들은 불쌍해하거나 아니면 방치해두는 방법밖에 모르는 게 보통입니다. 하지만 노인의 '육체'가 아니라, 경험과 지혜가 풍부한 '정신'에 주목하는 사고방식이 확립된다면 노인에 대한 태도 역시 변하지 않을까요.

　노인은 연민의 대상도 아니고 버려 둘 사람도 아닌, 젊은이들이 살아가는 데 필요한 지혜를 주는 사람입니다. 그러므로 존경을 받아야 마땅하다는 것을, 일찍부터 아이들에게 인식시켜야 한다고 생각합니다.

노인은 육체가 노화된 연민의 대상이 아니라
살아가는 데 필요한 지혜를 주는 어른임을 가르쳐주세요.

부모에게 받은 것은
자녀에게 물려줌으로써 보답한다

부모 자식 관계는 '주고받는' 관계가 아니다

유태가정에서 부모 자식 관계는 '주고받는' 관계가 아닙니다. 이를테면 '부모가 키웠으니 은혜에 대한 보답으로 자녀는 효도해야 한다'는 생각이 전혀 없다는 말입니다.

부모는 주기만 하고, 자식은 받기만 한다는 것이 유태인의 전통적인 사고입니다. 부모가 자녀에게 "너희에게 아무것도 돌려받으려고 생각지 않아. 만약 나에게 꼭 보답하고 싶다면 내가 너희에게 한 것과 같이 너희도 후손에게 베풀어라. 그것이 나에게 가장 기쁜 일이란다"라고 말하는 까닭도 그 때문입니다.

저의 이와 같은 사고방식은 사실 어머니에게서 배웠습니다. 제가 이스라엘 IBM사에 근무하고 있을 무렵의 이야기다. 월급에서 얼마를 떼어 어머니 선물을 산 일이 있었습니다. 무엇을 샀는지는 잊었지만 당시로서는 상당히 비싼 것이었다고 기억됩니다. 그런데 어머니는 선물을 받으시더니 "왜 이런 것을 샀니?" 물으셨습니다. 저는 "엄마가 제게 베풀어주신 사랑에 조금이나마 보답하고 싶어서요"라고 했습니다. 그러자 어머니는 손을 저으시며 단호하게 말씀하셨습니다.

"됐어. 나는 어떤 식으로든 네게 보답받기를 원하지 않아. 그런 생각이 든다면 앞으로 네 자식들에게나 해주렴."

이런 까닭으로 저는 언제나 아이들에게 내 어머니가 얘기한 것과 똑같은 말을 들려주고 있습니다.

제가 아는 한 유태인 여성도 같은 경험을 말해준 적이 있습니다. 그녀가 젊었을 때 집을 사려고 했으나 아무래도 보증금을 마련할 길이 없어 부모님께 도움을 받은 적이 있다고 합니다. 그녀로서는 당연히 이것을 빚으로 생각하고 있었기에 3년 동안 어렵게 돈을 모아 보증금과 같은 액수의 수표를 가지고 부모님께 갔는데, 역시 제 경우와 똑같은 이유로 부모님이 받아 주지 않았다고 합니다.

뿐만 아니라 유태 부모들은 늙어 병이 들어도 자식들에게 신세지지 않으려 합니다. 그래서 병든 부모님을 돌보는 것만큼 신경 쓰이는 일도 없습니다. 유태 부모는 '은혜를 갚는다'는 것이 부모 자식

사이에는 있을 수 없는 일이라고 생각하므로, 병간호를 하는 것은 은혜에 대한 보답이 아니라 부모에 대한 애정과 빨리 완쾌하기를 바라는 자식들의 간절한 마음이 담긴 일임을 부모에게 이해시켜야만 하기 때문입니다.

부모는 자녀의 '70년 후'를 생각한다

≪탈무드≫에는 이와 같은 부모와 자녀의 관계를 다룬 이야기가 있습니다.

길을 가던 한 나그네가 마당에 묘목을 심고 있는 노인을 보고 물었다.
"언제쯤 그 나무에서 열매를 딸 수 있을까요?"
그러자 노인이 대답했다.
"아마 70년 후쯤 될 거요."
나그네는 고개를 갸우뚱하며 다시 물었다.
"그때까지 사실 수 있겠어요?"
그 말에 노인은 단호하게 말했다.
"아니요. 이 열매는 내 자손들이 따게 될 것이오. 내가 태어났을 때 과수원에 열매가 가득 열려 있었던 것처럼 말이오. 나는 내 아

버지가 하셨던 일을 똑같이 하고 있을 뿐이라오."

부모는 자녀에게, 자녀는 다시 그 자녀에게 일방적으로 베푸는 이러한 사고방식은 현재도 유태 전통의 하나로 이어지고 있습니다.

한국에는 '효도'라는 말이 있다고 들었습니다. 그런데 그것이 부모가 자식에게 의지하고 자식이 부모를 돌봐야 한다는 뜻에서 나온 거라면 어쩐지 불합리하게 느껴집니다.

물론 부모에 대한 애정도 소중하지만, 우리 유태인들은 한 발 더 나아가 새로운 세대를 위한 도움을 중시하고 있는 것입니다.

부모로부터 은혜를 입은 만큼 자녀들에게 베풀어주세요.
부모가 자식에게 최선을 다해야 하는 것은 당연하지만,
자식에게 그에 대한 보답은 기대하지 마세요.

용서하는 법을 가르친다

복수는 하나님만이 할 수 있다

이미 알고 있듯 유태 민족의 역사는 '박해의 역사'라고 해도 과언이 아닙니다. 하지만 유태의 문헌 중 박해에 대해 증오에 찬 말로 서술한 것은 하나도 없습니다. 복수는 하나님만이 할 수 있다는 것이 유태인의 생각입니다. 그래서 아이들에게도 '나쁜 사람이 너에게 한 짓을 잊지 마라. 그러나 용서해라'라고 가르칩니다. 복수와 증오, 이 두 가지는 아이들에게 절대로 가르쳐서는 안 되는 것이기 때문입니다.

유태인들이 박해를 당한 것은 오랜 역사의 한 부분이며, 비단 나치에 의해 시작된 것만도 아닙니다. ≪구약성서≫를 보면, 유태인에 대한 박해는 이미 기원전 5세기에 시작되었음을 알 수 있습니다. 페르시아 왕 아하수에로가 중신 하만의 말을 받아들여 명령을 내립니다.

> 그렇게 한 다음에 보발꾼들을 시켜서 그 조서를 급히 왕이 다스리는 모든 지방으로 보냈다. 그 내용은, 열두째 달인 아달월 십삼일 하루 동안에 유다 사람들을 남녀노소 할 것 없이 모두 죽이고 도륙하고 진멸하고 그들의 재산을 빼앗으라는 것이다. _에스더 3장 13절

이 명령은 다행히 실행되지 않았지만, 그리스도교가 유럽을 지배한 뒤로 유태인에 대한 박해는 하나하나 열거할 수 없을 정도로 많이 자행되었습니다. 1215년 라테란 교회 회의에서는, 유태인은 다른 민족과 구별되도록 황색 또는 진홍색 헝겊 조각을 달고 다녀야 한다는 결의를 했고, 심지어는 눈에 잘 띄도록 염색된 모자까지 쓰게 했습니다.

증오나 복수는 과거에 얽매이는 부정적 태도

나치 치하에 있던 네덜란드의 유태인 소녀 안네 프랑크는 ≪안네의 일기≫에 이렇게 써 놓았습니다.

유태인은 가슴에 노란색 별을 달아야 한다. 자전거를 강제로 바쳐야 하며, 전차도 자동차도 탈 수 없다. 물건은 오후 세 시에서 네 시 사이에만 살 수 있는데, 그것도 유태인 상점이라고 씌어 있는 곳에서만 살 수 있다. 그리고 유태인은 밤 여덟 시 이후에는 집에 돌아와 있어야 한다.

안네는 결국 유태인 강제 수용소에서 죽음을 맞습니다. 이는 단순한 비극이 아니라 유태인의 역사인 것입니다. 앞서 말했지만, 나도 아버지 쪽 친척들을 대부분 잃었습니다.

미국 국무장관을 지낸 헨리 키신저는 어린 시절을 독일에서 보냈습니다. 아버지는 나치에 의해 교직에서 쫓겨나고 자신은 김나지움(대학 진학을 위한 정규 예비 교육과정)에서 퇴학당해 유태인 학교에 다녀야 했습니다. 그가 열네 살이 될 때까지 열네 명의 친척이 나치의 손에 학살당했습니다. 키신저 일가는 뉴욕으로 이주할 수밖에 없었습니다.

유태 부모들은 이와 같은 사실을 절대 잊지 말라고 아이들에게 되풀이해서 말합니다. 그리고 이렇게 덧붙이는 것을 잊지 않습니다.

"다시는 이런 일이 되풀이되지 않아. 역사는 좋은 방향으로 나아갈 테니까."

랍비인 토케이어 씨는 다음과 같이 가르치고 있습니다.

"≪구약성서≫를 히브리어로 쓰면 'ב'(영어 B에 해당하는 히브리어 알파벳)로 시작한다. 'ב'는 왼쪽이 열려 있는 모양이다. 또 히브리어는 오른쪽에서 왼쪽으로 읽어가므로, 비록 오른쪽의 과거는 닫혀 있지만 왼쪽의 미래는 열려 있다는 뜻이 된다. 따라서 과거에 얽매이지 말고 앞으로 나아가야 한다."

증오나 복수는 과거에 얽매이는 부정적인 태도입니다. 그러므로 지난 잘못은 용서하고 앞으로 다가올 날들에 희망을 걸고 살아가는 것이 건전한 삶이라는 걸 아이들에게 가르쳐야 할 것입니다.

증오나 복수는 상대가 아니라 나에게 독이 됩니다.
잘못한 친구를 용서하라고 아이에게 가르쳐주세요.

52 민족의 긍지를 심어준다

기회 있을 때마다 위인들의 이야기를 들려준다

이 책에도 많은 유태계 위인들이 등장했습니다. 아인슈타인, 프로이트, 아들러, 키신저, 도이처, 프루스트, 샤갈, 로스차일드, 셀리그먼, 미요, 토마스 만, 밀러, 하이네, 카프카, 말러, 번스타인 등입니다. 이처럼 유태인들은 과학, 예술, 문화, 정치, 경제 등 거의 모든 분야에서 활동하고 있습니다. 가족이 모여서 이야기를 나눌 때, 반드시 한 사람쯤은 유태계 유명 인사의 이름이 거론될 정도로 유태인은 전 세계에서 활약하고 있습니다.

유태계 위인이 화제에 오르면 아이들은 그 사람에게 강한 친밀감을 보이며 매우 자랑스럽게 생각합니다. 이는 한국인이 이순신 장

군이나 세종대왕을 자랑으로 삼는 것과 같을 것입니다.

유태인은 오랜 세월 조국을 갖지 못한 민족으로, 어쩔 수 없이 이곳저곳을 떠돌아야 했습니다. 그래서 유태인이라는 사실만으로도 우리는 서로 도우려 하고 두터운 친밀감을 느끼게 됩니다.

오래 전 마빈 토케이어 씨는 일본의 어느 공군기지에 병사로 잠시 있었다고 합니다. 2만 명에 달하는 병사 중에 유태인은 고작 두 사람뿐이었는데, 그는 단 이틀 만에 그들과 친해졌다고 합니다. 유태인끼리는 자석과 같이 서로를 끌어당기는 힘이 있는지 금방 잘 통하는 사이가 되었다는 것입니다.

이렇듯 민족의 일체감이 강하기 때문에 아이들도 이야기에 나오는 위인이 유태인이라는 사실을 알게 되면 그들을 자신의 친척처럼 느끼게 되는 듯합니다. 그리하여 점차 세계사에서 유태인이 이룬 업적이 얼마나 큰지를 알게 되고, 아울러 그 이면에 흐르는 박해의 역사를 생각하면서 한 번쯤은 진지하게 '과연 유태인은 어떤 존재인가' 고민하게 되는 것입니다.

뛰어난 유태인들이 세계 곳곳에서 활약하고 있다는 사실은 곧 확고한 자신감으로 이어지며 아이들의 미래에 격려가 됩니다.

한국인은 뛰어난 민족

세종대왕을 비롯해 많은 위인을 배출한 한국인은 우리와 마찬가지로 뛰어난 민족입니다. 또한 평화적이고 질서를 잘 지키는 민족입니다. 서울을 미국의 뉴욕 등과 비교하면 훨씬 안전하고 깨끗합니다. 인구가 밀집되어 있으면서도 폭력사건이 많지 않은 편이며, 밤에 혼자 걸어 다닐 수 있는 서울과 같은 도시는 세계 어디를 가도 좀처럼 찾아보기 힘듭니다. 이것은 한국인이 예의 바르고 질서를 잘 지키는 민족임을 입증하는 것입니다. 또 한국이 6·25전쟁으로 폐허와 같은 상태에서 현재처럼 고도의 경제 성장을 이룩하고 선진국과 어깨를 나란히 할 수 있게 된 것은 다름 아닌 한국인의 우수성 때문이라고 생각합니다.

자원이 풍족하지 못한 한국은 지식이나 지혜를 가장 가치 있게 여깁니다. 이런 가치관은 우리 유태인들과 같습니다. 한국에서 교육론과 육아론이 크게 대두하게 된 것도, 자녀들에 대한 투자를 조금도 낭비라고는 생각지 않는 것도, 한국인의 이와 같은 가치관의 반영이라고 할 수 있을 것입니다.

이와 같이 뛰어난 민족임에도 불구하고 한국 어머니들은 아이들에게 민족의 긍지를 심어주려는 노력이 부족한 듯합니다. 이것은 우리의 관점에서 본다면 이상한 부분입니다. 한국인이 유태인처럼 세계 곳곳에 흩어져 살고 있지 않기 때문에 군이 민족의 긍지를 강조

하지 않는 것이라는 생각도 들지만, 한편으로는 부모들 스스로가 한국인이라는 긍지를 갖고 있지 못한 건 아닌가 하는 생각도 해봅니다.

아이들에게 한국이 낳은 위대한 사람들과 한국인이 세계를 위해 이루어놓은 업적들을 이야기하면서, 다른 사람이 아닌 바로 너와 같은 한국인이 그런 일을 했다고 강조해줄 필요가 있습니다. 그렇게 민족에 대한 자부심과 친근감을 느끼게 해주면 아이들은 우리 민족이 우수하다는 생각과 함께 자신감을 갖게 될 것입니다. 그것은 곧 자녀가 성장해서 사회활동을 하는 기반을 마련해 주는 일이기도 합니다.

민족의 긍지를 일깨워주는 것은
스스로에 대한 자부심을 심어주는 일일 뿐만 아니라
사회 발전을 위해서도 중요한 밑거름이 됩니다.

Episode 03

자선사업에도 열성적인 금융재벌
로스차일드가(家)

   로스차일드 가문은 250여 년간 8대에 걸쳐 금융재벌로 군림하고 있다. 가문을 일으킨 마이어 암셀 로스차일드(Mayer Amschel Rothschild)는 고리대금업을 시작으로 은행을 세우고 나폴레옹 전쟁과 제1,2차 세계대전을 거치면서 어마어마한 부를 축적했다. 로스차일드 가문은 지금도 금융은 물론 석유, 다이아몬드, 금, 와인 등 여러 분야에 걸쳐 다국적 조직을 가지고 있다.

   로스차일드 가문이 고리대금업자에서 세계 금융황제로 거듭날 수 있었던 것은 무엇보다 형제간의 결속이 단단했기 때문이다. 다섯 형제는 위기 때마다 아버지가 유언으로 들려주신 '다섯 개의 화살' 이야기를 되새기며 하나로 똘똘 뭉쳐 세계를 움직이는 거물이 되었다.

   '다섯 개의 화살' 이야기는 기원전 6세기 무렵 카스피 해 동부 일대에서 강대한 국가를 건설했던 유목 민족 스키타이의 왕이 임종을 앞두고 다섯 왕자에게 했던 말이다.

스키타이의 왕은 자기가 죽고 난 뒤 다섯 형제가 권력 투쟁을 벌여 나라가 혼란에 빠질 것을 염려했다. 임종을 맞은 왕은 다섯 아들을 불러 모았다. 그러고는 한 묶음의 화살 다발을 내밀며 말했다.
"자, 이 화살 다발을 꺾어 보아라."
왕자들은 있는 힘껏 화살 다발을 꺾어보려 했으나 누구도 꺾을 수 없었다. 왕은 화살 다발을 풀게 한 다음 화살을 하나씩 주며 다시 말했다.
"이 화살을 꺾어 보아라."
이번에는 왕자들 모두가 쉽게 꺾을 수 있었다. 그러자 왕이 이렇게 말했다.
"너희가 하나로 뭉쳐있는 한 스키타이의 힘은 강력할 것이다. 그러나 흩어지면 스키타이의 번영은 끝나고 만다. 형제간에 화합하라!"

　로스차일드 가문이 금융제국을 이룩할 수 있었던 또 다른 이유는 자녀들에게 실무 중심의 경제교육을 시켰기 때문이다. 그들은 자녀가 어릴 때부터 아버지 곁에서 보고 들으며 경제관념을 익히게 한다. 기업의 최고경영자들은 한결같이 어릴 때 받은 경제교육이 평생을 좌우한다고 말한다. 부유한 가정에서 자라더라도 어릴 때 경제교육을 어떻게 받았느냐에 따라 미래가 달라진다는 말이다.
　하지만 돈 버는 재주와 형제간의 결속만으로 8대에 걸쳐 금융제국을 이어갈 수는 없다. 여기에는 틀림없이 또 다른 비결이 있다. 바로 기부와 자선이다. 로스차일드 가문은 사회를 위한 기부와 자선이 동반되어야 자신들의 부를 대대로 이어나갈 수 있음을 잘 알고 있었다. 그래서 의료시설, 공공 주택, 고아원 등에 큰돈을 들이며 소외 계층을 위한 자선사업을 꾸준히 해왔다. 특히 프랑스에 진출한 로스차일드 일가는 자선과 사회개혁에 열성적이다. 그들은 20세기 초 노동자들이 주로 사는 지역에 당시로서는 최신 시설을 갖춘 아파트를 지었다. 그리고 각 가정의 결혼, 출생, 사망 등의 일들을 하나하나 기록해서 주거 환경 개선사업에 크게 기여했다.

로스차일드가의 자선활동은 그들이 가진 재산에 비해 크게 부각되지 않는다. '왼손이 하는 일을 오른손이 모르게 하라'는 가르침 때문이다. 로스차일드 기록보관소 관계자는 다음과 같이 말했다.

"영국에서 로스차일드란 이름이 갖는 인상은 매우 긍정적이다. 로스차일드 가문이 여러 자선사업에서 중요한 역할을 하고 있기 때문이다. 다만 은밀하게 이뤄지는 탓에 어디에 얼마를 기부하고 있는지 공개되지 않아 한 일에 비해 크게 알려지지 않는다."

'부자가 3대를 못 간다'는 말이 있다. 재물을 모으기도 어렵지만 지키는 것은 더 어렵다. 하지만 로스차일드 가문만큼은 이 진리를 비켜간다. 이 가문은 자녀들에게 단지 돈 버는 방법만 가르친 것이 아니라 존경받는 부자가 되는 방법을 가르친 것이다. 그들의 자녀교육법이 바뀌지 않는 한 로스차일드 가의 영광은 계속될 것이다.

| 부록 |

유태인의 격언

"물고기 한 마리를 주면
하루를 살 수 있지만,
물고기 잡는 방법을 가르치면
평생을 살 수 있다."

 지혜 · 지식

- 만약 당신이 살아남고 싶다면 먹는 것, 마시는 것, 노는 것, 일하는 것으로는 안 된다. 지혜가 있어야만 살아남을 수 있다.

- 돈을 빌려주는 것은 거절해도 좋지만, 책을 빌려주는 것을 거절해서는 안 된다.

- 사람이 살아 있는 한 빼앗을 수 없는 것, 그것은 지혜다.

- 꽃양배추에 사는 벌레는 꽃양배추를 자기 세상으로 생각한다.

- 매일을 마지막이라고 생각하라.

- 어린이를 가르치는 것은 백지에 글을 쓰는 것과 같다.

- 길을 열 번 묻는 것이 한 번 길을 헤매는 것보다 낫다.

- 하루 공부하지 않으면 되돌리는 데 이틀 걸린다. 1년 공부하지 않으면 되돌리는 데 2년 걸린다.

- 세상에서 가장 현명한 사람은 만나는 모든 사람에게 배우는 사람이다.

"인생은 현인에게는 꿈이고,
부자에게는 게임이다.
부자에게는 희극이고,
가난한 사람에게는 비극이다."

돈 · 재물

- 돈은 몰인정한 주인도 유익한 하인도 될 수 있다.

- 돈을 벌기는 쉽다. 하지만 돈을 쓰기는 더 어렵다.

- 남에게 돈을 빌려줄 때는 증인을 세우고, 적선할 때는 아무도 보지 않는 데서 하라.

- 만일 부자가 대신 죽어 줄 사람을 돈으로 살 수 있다면 가난한 사람은 풍족하게 살 수 있으리라.

- 평생에 한 번 오리와 닭고기를 실컷 먹고 다른 날은 배고프게 있는 것보다 평생을 양파만 먹는 편이 낫다.

- 절약하지 않는 상인은 털 없는 양과 같다.

- 가난한 사람에게는 적이 적고, 부자에게는 친구가 적다.

- 부자를 칭송하는 사람은 그 부자보다 돈을 칭송하는 것이다.

- 가난한 사람은 네 계절밖에는 고생하지 않는다. 봄, 여름, 가을, 겨울이다.

"입보다 귀를 높은 위치에 두라."

 말·언행

- 남의 백 마디 중상보다 친구의 조심성 없는 한마디에 더 큰 상처를 받는다.

- 즐겁게 장수하고 싶으면 코로 호흡하고 입을 다물어라.

- 잘 지껄이는 우둔한 사람은 시간을 잘못 가리키고 있는 시계이며, 침묵하는 우둔한 사람은 움직이지 않는 시계이다. 후자가 훨씬 낫다.

- 혀는 마음의 펜(pen)이다.

- 착한 사람일지라도 입이 험악한 사람은 훌륭한 궁전 옆에 있는 악취 풍기는 변소와 같다.

- 물고기는 언제나 입으로 낚인다. 인간도 역시 입으로 걸린다.

- 무기는 가까이 있지 않으면 상대에게 상처를 입히지 않지만, 중상은 멀리서도 사람에게 상처를 준다.

- 손가락이 자유롭게 움직이는 것은 소문을 듣지 않기 위함이다. 소문이 들리면 서둘러 귀를 막아라.

"하나님 앞에서는 울어라.
그러나 사람들 앞에서는 웃어라."

 행동 · 예절 · 습관

- 물고기는 물이 없으면 죽고, 인간은 예의가 없으면 죽는다.

- 좋은 매너란 남의 나쁜 매너를 용서하는 것이다.

- 손님이 기침을 하면 스푼을 주라.

- 음식물을 가지고 노는 인간은 공복이 아니다.

- 잠꾸러기는 모포를 입고 사회생활을 하고 있는 사람과 같다.

- 시계는 기상 시간을 알려주는 것이지 취침시간을 알려주는 것이 아니다.

- 술이 들어가면 비밀이 나오게 마련이다.

- 악마가 바빠 사람을 찾아오지 못할 때는 술이 대신 찾아온다.

- 한 사람이 "당신 취했군"이라고 하거든 정신을 차리고, 두 사람이 말하거든 마시는 속도를 늦추고, 세 사람이 말하거든 잠을 자라.

- 말만 하고 행동하지 않는 사람은 잡초로 가득 찬 정원과 같다.

"가족이 무너지면 신전도 무너진다."

 **인간관계**

- 벌거벗지 마라, 남들이 모두 양복을 입고 있을 때는. 양복을 입지 마라, 남들이 모두 벌거벗고 있을 때는.

- 우매한 사람을 깔보지 마라. 우매한 사람이 있음으로 해서 현명해진다.

- 싸움은 시냇물과 같다. 작은 냇물은 큰 냇물이 되는데 두 번 다시 작은 냇물로 돌아오지 않는다.

- 위대한 인간에게는 위대한 적이 있다.

- 현명한 적은 사람을 현명하게 하고, 우매한 친구는 사람을 우매하게 한다.

- 마늘을 먹을 때는 두 사람이 먹어라.

- 친구인 척하는 사람은 철새와 같다. 추워지면 날아가고 만다.

- 개가 두 마리 모이면 사자도 죽인다.

- 항아리를 보지 말고, 항아리 안에 든 것을 보라.

"0에서 1까지의 거리가
1에서 100까지의 거리보다 길다."

자선 · 친절 · 도움

- 자선을 행치 않는 사람은 제아무리 부자라 해도 맛있는 요리가 즐비한 식탁에 소금이 없는 것과 같은 삶을 사는 것이다.

- 한 개의 양초로 많은 양초에 불을 켜더라도 처음의 양초 불은 약해지지 않는다.

- 입은 하나, 귀는 두 개인 이유는 듣는 것을 두 배로 하라는 뜻이다.

- 우물에 침을 뱉는 자는 언젠가 그 우물물을 마시게 된다.

- 자기 자신에 대해 웃을 수 있는 사람은 남의 웃음을 사지 않는다.

- 투박한 항아리 속에도 귀한 술이 들어 있다.

- 반성하는 사람이 서는 땅은 훌륭한 랍비가 서는 땅보다 존귀하다.

- 신은 바르게 사는 자를 시험해 본다.

- 무거운 포도송이일수록 아래로 늘어진다.

"신은 언제나, 어디에나 있을 수 없다.
그래서 신은 어머니를 만드셨다."

 인생·삶·진리

- 지면에 누워 있으면 넘어질 염려가 없다.

- 공복일 때는 노래하라. 상처 입었을 때는 웃어라.

- 쥐를 탓하지 마라. 구멍을 탓하라.

- 좋은 그릇을 가지고 있으면 그날 사용하라. 내일이 되면 깨질지도 모른다.

- 늙은이는 자신이 두 번 다시 젊어질 수 없다는 것을 알고 있지만, 젊은이는 자신이 늙는다는 사실을 잊고 있다.

- 100명의 유태인이 있으면 100개의 서로 다른 생각이 존재한다.

- 인간은 남의 하찮은 피부병은 눈에 띄어도, 자신의 중병은 눈에 띄지 않는다.

- 부부가 참으로 사랑하면 칼 폭만 한 침대에서도 잠잘 수 있지만, 서로 미워하면 16미터 폭의 침대도 좁다.

- 남을 행복하게 해주는 것은 마치 향수를 뿌리는 일과도 같다.

유태인의 자녀교육법 52

1판 36쇄 발행 | 1988년 09월 20일 / 2판 13쇄 발행 | 1993년 10월 30일
3판 12쇄 발행 | 2001년 07월 25일 / 4판 08쇄 발행 | 2007년 05월 23일
5판 22쇄 발행 | 2009년 11월 02일 / 6판 13쇄 발행 | 2015년 03월 05일
7판 01쇄 발행 | 2022년 06월 24일

지은이 루스 실로 | 옮긴이 은영미
기획 은영미 | 편집 이하나 | 삽화 서명주
펴낸이 이종근

펴낸곳 | 나라원 | 출판신고 1988. 4. 25 (제300-1988-64호)
주소 | 서울 종로구 종로53길 27 (창신동) 나라원빌딩 (우. 03105)
대표전화 | 02-744-8411, 팩스 02-745-4399
홈페이지 www.narawon.co.kr | 이메일 narawon@narawon.co.kr

ISBN 978-89-7034-288-7 (03190)

* 잘못 만들어진 책은 구입하신 서점에서 교환해드립니다.
* 책값은 뒤표지에 있습니다.